哈佛家训 III

一位哈佛博士的教育课本

〔美〕威廉·贝纳德●编著　　张　玉●编译

HARVARD
FAMILY INSTRUCTION

中国妇女出版社

图书在版编目（CIP）数据

哈佛家训Ⅲ /（美）贝纳德编著；

张玉译—北京：中国妇女出版社，2009.10

ISBN 978-7-80203-822-6

Ⅰ. 哈 … Ⅱ. ①贝 … ②张 … Ⅲ. 人生哲学 – 通俗读物 Ⅳ. G78-49

中国版本图书馆 CIP 数据核字 (2009) 第 176497 号

哈 佛 家 训Ⅲ

作　　者：（美）威廉・贝纳德 著 张玉 译
责任编辑：朱婷婷
装帧设计：03 工舍
出　　版：中国妇女出版社出版发行
地　　址：北京东城区史家胡同甲 24 号　邮政编码：100010
电　　话：（010）65133160（发行部）（010）65133161（邮购）
网　　址：www.womenbooks.cn
经　　销：各地新华书店
印　　刷：三河市三佳印刷装订有限公司
开　　本：170 × 230　1/ 16
印　　张：16
字　　数：300 千字
版　　次：2010 年 1 月第 1 版
印　　次：2024年3月第30次印刷
书　　号：ISBN 978-7-80203-822-6
定　　价：29.80 元

读者的话

新学期开始，我在批改学生日记时，发现好多学生谈到《哈佛家训》和《哈佛家训Ⅱ》，有的人还就其中的一些故事和评点，提出了不少探讨性的问题。于是，我去书店买了这两本书，并认认真真地读了一遍。说实话，它们让我很感动，也让我受益匪浅。你可以从书的任何一页开始阅读，每个故事都引人入胜，每个故事都以不拘一格的表达方式将丰富的哲理智慧展现出来。读完一个故事和一段评点，你会觉得人生豁然亮出了另一片天空。

原来我们家很少买书，在深圳市主办的“相聚书香家庭”活动中，我也特意去选购了几本组委会推荐的图书。有一本中国妇女出版社出版的《哈佛家训》对我帮助很大，它不仅改变了我的坏脾气，还挽救了我们濒临崩溃的母子关系。过去，我每天疲惫不堪地下班回家，看到儿子做作业不认真，我就会大发雷霆。久而久之，儿子变得自卑内向，对我慢慢疏远了。自从读了《哈佛家训》中《篱笆上的铁钉》这个故事后，我第一次意识到坏脾气是多么可怕，它的确是一柄双刃剑，既伤害儿子也伤害我自己。从此我开始学会控制情绪，学会宽容儿子，渐渐地他变得活泼自信起来了。感谢这本书，我希望做父母的人都读一读《哈佛家训》。

我喜欢独自躺在床上，静静地看书。我很喜欢那些流露人间真情的读物，如《生活不能没有奇迹》、《读者》，书中纯粹的感情、韧性的生命总会让我泪流满面；我也喜欢看一些浸润着人生哲理的读物，如《哈佛家训》、《意林》，简单而又深刻的道理，总会唤起我的万千思绪；我还喜欢看一些饱含科学趣味的读物，如《十万个为什么》、《时间简史》，其中神奇的科学奥妙总会让我大开眼界。

前几天，和孩子一起阅读了《哈佛家训Ⅱ》的感恩篇。为了提高孩子的积极性，我们一家三人轮流朗读，一人读后，其他两人谈体会。感恩篇在这本书的最后一章，但是我却首先选择了它。让孩子从小学会感恩，是塑造孩子良好性格的开端。儿子选择《红草莓》读了起来，读完后大家鸦雀无声，好像都在体味其中的酸楚与幸福。我打破沉默，问儿子："你有什么看法?"儿子说："伯杰是个懂事的孩子，他战胜了自己贪吃的天性，把草莓留给妈妈，自己却获得了比吃草莓更多的幸福。这说明，给予别人，会快乐自己!"我说："我很感谢这个故事中的孩子，作为母亲，我更清楚得到草莓的妈妈心中那份感动。你平时帮妈妈做点事情，妈妈也会感觉很幸福。"儿子立刻表示，以后要帮妈妈干更多的家务。故事的效果真是立竿见影!

我是一名班主任，我经常把《哈佛家训》当做全班学生的共同读物。我采用的方法是：一个人朗读，其他的人思考，然后一起讨论。比如《有爱就会有一切》，一个学生朗读后，其他同学依次发言。一个说，有爱心的人总能得到更多的帮助，他们更容易取得成功，所以，想成功就首先要有爱心；一个说，我特别喜欢文后评点中的一句话，它告诉我们，"财富和成功永远跟在爱的后面，而不是相反"，知道了这一点，人生才不会出现错误；另一个说，很多人以为，有了金钱和地位就有了一切，但如果生活中没有爱的话，金钱和地位还有什么意义?……这样的讨论促进了学生的学习积极性和思维多样性，我个人也受到很好的教育。

《哈佛家训》是一本经典之作，它通过精小的故事，讲述了一个个深刻的人生哲理、生活智慧和教子修身的道理，无不令人深思。

有一篇《让兔子奔跑》的短文，感受尤为深切。现实的教育中，我们对孩子关注更多的是他们有哪些弱点，而不是看他们有多少优点，教育总是围绕着孩子们的弱点进行，于是就忽略了发现和激励孩子们的优点与特长。很多天才因此被扼杀了，而我们竟然一无所知。

在第二届绿城读书节中，郑州市民共评选出十本最喜爱的书：《哈利·波特与混血王子》、《哈佛家训》、《达芬奇密码》、《做最好的自己》、《刘心武揭秘红楼》、《感悟母爱》、《时间简史》、《正说清朝十二帝》、《狼图腾》、《亮剑》。我专门到书店买了《哈佛家训》和《感悟母爱》两本书，回来就和女儿一起阅读。我们一边读一边思考讨论，当一个故事读到一半时，我就问女儿：你觉得故事还会怎样发展？书里会怎么评价这件事？故事读完后，我又问她：你自己是怎么想的？如果是你会怎么做？这样的阅读对孩子和大人来说都很有意思。儿童节的时候，我又到新华书店一口气买了8本《哈佛家训》，全部送给了朋友的孩子。

上个星期天，我在广州书城看到两本书，《哈佛家训》和《哈佛家训Ⅱ》，都是中国妇女出版社出版的。我随手翻了一下，读完目录，又看了故事后面的评点，觉得它们很特别。于是，我把这两本书买回去，发给我们的员工作为培训教材。经过一个多月的学习，我发现效果很不错，大家特别对“感恩篇”、“梦想篇”、“心态篇”、“自律篇”等内容体会深刻，原来那些对工作、对未来想不明白的地方，现在都似乎顿然明朗。这两本书让大家的精神面貌变了，思想境界也变了。

《哈佛家训》和《哈佛家训Ⅱ》是我两年前送给女儿的新年礼物，她把这套书当成了枕边书，遇到什么生活难题，马上就翻开寻找答案。最近情况发生了一些变化。一天晚上，我正忙着，忽然身后响起女儿的声音：“家务总是繁多的，我的童年却很短暂。请花一些时间，给我讲一点有关世界的奇闻……”见我回头，女儿煞有介事地捧着《哈佛家训Ⅱ》又读起来，“我的感情是脆弱的，请对我的反应要敏感一点，我的哭闹和不高兴的情绪背后，都有你需要关注的原因……”我不禁哈哈大笑，只见她一脸正经地说：“这些正是我想对你说的话，今天我的心情有点不好，陪我一起去外面走走吧?”我拿过书，原来她读的是《孩子告诉父母的话》，我看了一遍，想了想说：“好吧，你的童年是短暂的，陪你要紧，出发!”就这样，现在这本书开始成了教育我的课本。

在这次学校读书竞赛活动中，我得到了一份奖品——《哈佛家训Ⅱ》。它真是太棒了！它的故事生动感人，叙述流畅优美，尤其是文章后面的评述，完全把人带进了另一个阅读境界，它使每个故事得到意外的升华，而读者的心灵也仿佛经历了一次透彻的涤荡和照耀。现在我们全家都把它当成了行为指南，这本书使我们家发生了很大的变化。以前爸爸妈妈总爱吵架，他们读了这本书后，渐渐学会了“大度”，学会了“自律”。现在，家庭越来越和谐，越来越温馨，就好像把严寒驱散了那么温暖。

做合格家长，从《哈佛家训》开始，这是我的体会。应儿子的要求，我买了一套《哈佛家训》和《哈佛家训Ⅱ》，拿回家放在床头，每晚睡觉前读一篇。《哈佛家训Ⅱ》编者序中有这样一段话：“孩子是一张光洁的白纸，是一泓未受污染的清泉，在他们人生开始的时候，我们一定要用最好的精神文化来熏陶他们，用最美的道德来塑造他们，用最纯净的事物来感动他们……孩子的心有如春天的土地，如果错过了播种的季节，秋天等来的就是荒芜。最可怕的是，如果由于我们的粗心，不小心给他们播下了不良的种子，那么我们等来的就将是一生的后悔!”说得多形象呀！一篇篇读下去，我一次又一次被打动，也一次又一次深感愧疚……

Harvard Family Instruction

目录

目录

Harvard Family Instruction

生存——永不妥协的征服

幽默——浅含讽喻的微笑

目录

Harvard Family Instruction

尊重——平等虔诚的敬畏

专注——滴水穿石的定力

刚毅——坚韧不惧的胆识

信念——托举灵魂的翅膀

珍惜——天地厚赐的钟爱

快乐

生命跃动的和弦

HARVARD FAMILY INSTRUCTION

收藏阳光

从前，田野里住着田鼠一家。夏天快要过去了，他们开始收藏坚果、稻谷和其他食物，准备过冬。

有一只田鼠例外，他的名字叫做弗雷德里克。

“弗雷德里克，你怎么不干活呀?”其他田鼠问道。

“我在干活呀。”弗雷德里克回答。

“那么，你在收藏什么东西呢?”

“我在收藏阳光、颜色和快乐。”

“什么?”其他田鼠都吃了一惊，相互看了看，以为这是一个笑话，就笑了起来。

弗雷德里克没有理会，继续埋头干活。

冬季来了，天气变得很冷很冷。

田鼠们感到枯燥无聊，就想起了弗雷德里克。他们跑去问他：“弗雷德里克，你打算怎么过冬呢？你能把你收藏的东西和我们分享一下吗?”

“你们先闭上眼睛。”弗雷德里克说。

田鼠们有点奇怪，但还是闭上了眼睛。

弗雷德里克拿出第一件收藏品，自豪地说：“看，这是我收藏的阳光。”

他打开一个很大的箱子，一团金色的阳光一下子使昏暗的洞穴变得明朗，田鼠们感到很温暖。

田鼠们又问：“还有颜色呢?”

弗雷德里克从第二个箱子里翻出了各种各样的树叶和花瓣，然后开始描述红的花、绿的叶和黄的稻穗。他讲得那么生动，田鼠们仿佛真的看到了夏季田野的美丽景象。

田鼠们又问："你的那些快乐在哪里？"

弗雷德里克又打开另一只箱子，顿时屋里充满了音乐、笑声和鸟语，于是大家就在这美好的声音中开始唱歌跳舞，时间很快就过去了。

漫长的冬日里，他们每天都到弗雷德里克家聚会，大家交口称赞道："弗雷德里克，你的收藏真是太有意义了，没有它们，这个冬天会多难熬呀！"

我们的身体需要粮食，我们的灵魂却需要快乐。

强健的身体可以让我们快步行走，强健的灵魂能够让我们高高地飞翔。

“微笑”符号的诞生

一个冒号，一个连字号，再加半边小括号，就组成了互联网上的“微笑”符号“:-)”。这一符号为美国卡内基–梅隆大学教授法尔曼所创造，他因此被誉为互联网“微笑之父”。

一切都起源于1982年。当时的电脑被称为个人微机，只有知识精英和技术专家才会使用。为“黑客”喜爱、纯粹自发性的电子布告栏系统 BBS 和相对“精英化”、由服务运营商提供的电子布告栏 Bboard 几乎就是当时网络的全部内容。

卡内基–梅隆大学的师生经常在电子布告栏上讨论各种话题，从严肃到荒诞无所不包，有时也会发生类似于后来互联网上经常出现的“口水战”。由于当时只有纯文字的交流方式，一些原本是开玩笑的话语经常被“认真对待”，甚至被错误地当做了严肃警告，引起很多不愉快的误会。

为了让这种情况不再发生，师生们在电子布告栏上展开了一场讨论。法尔曼率先提出，发言者可用“:-)”符号标示自己开玩笑的话。他同时还创造了“:-(”符号，以表明发言的严肃性。但这一符号后来逐渐演变为表达悲伤的标志。

“微笑”符号迅速成为微机使用者的心爱符号，以它为蓝本，还有人创造出了新的符号，比如“眨眼微笑”符号“;-)”和更为简洁的微笑符号“:)”。

现在，微笑符号被广泛运用到网络聊天和手机短信中，人们用这个简单的符号，表达他们的快乐、喜悦和安慰。

即使是没有生命的互联网，也会被微笑所感动。

悲伤和微笑一起诞生，但世界拒绝了悲伤，选择了微笑。

两兄弟

有一对性格迥异的双胞胎，哥哥是彻头彻尾的悲观主义者，弟弟则是个天生的乐天派。

在他们8岁那年的圣诞节前夕，两个顽皮的姐姐想改变他们俩极端的性格，专门为他们准备了两种不同的礼物：给哥哥的礼物是一辆崭新的自行车，给弟弟的礼物则是一盒干马粪。

拆礼物的时刻到了，所有人都等着看他们的反应。

哥哥首先拆开他那个巨大的纸箱子，当他看见礼物的时候，竟然哇的一声哭了起来："你们知道我不会骑自行车，而且外面还下着这么大的雪！"

正当姐姐和父母手忙脚乱地希望哄哥哥高兴的时候，弟弟好奇地打开了属于他的那个盒子——房间里顿时充满了一股马粪的味道，于是，大家都担心地一齐望着他。

出乎意料，弟弟看了看自己的礼物，高兴得大叫了起来，然后兴致勃勃地东张西望："快告诉我，你们把马藏到哪里了？"

乐观的人说，我的杯子还有一半是满的；悲观的人说，我的杯子已有一半空了。

生活给我们一样的东西，人们却用两种心情去领受，于是就有了两种人生，两种命运。

非洲老人的草帽

在非洲的某个土著部落里，人们过着自耕自织的悠闲生活。由于这里风景优美、民俗纯朴，总会有一些外国的旅游观光客慕名而来。

部落中有一位老人，他经常坐在一棵大树下面，一边纳凉，一边编织草帽。他把编好的草帽在身前一字排开，供游客们挑选、欣赏或购买。

这位老人编的草帽造型非常别致，而且颜色的搭配也非常巧妙，可以称得上是巧夺天工。

有一天，一位精明的纽约商人看到了老人的草帽，他脑袋里立刻闪出一个点子：这样精美的草帽，如果运到美国去，我敢保证能卖个好价钱，至少能够获得十倍的利润。

想到这里，商人不由激动地对老人说："朋友，这种草帽多少钱一顶?"

"十块钱。"老人冲他笑了一下，然后继续编织草帽。

"天哪，如果我买一万顶草帽回到国内去销售，一定会发一笔大财。"商人欣喜若狂，暗自为自己的经商天才沾沾自喜。于是商人继续对老人说："假如我在你这里定做一万顶草帽的话，每顶草帽你能给我多少优惠?"

他本来以为老人会惊喜万分，而且可以大大地为他打个折扣。没想到老人却皱着眉头，犹豫了半天才说："这样啊？那就要 20 元一顶了。"

每顶 20 元！这是他从商以来闻所未闻的事情呀。“为什么？为什么我多买反而还加价呢？”商人冲着老人叫道。

老人抬起头，微笑着对他说：“坐在这棵大树下随意地编织草帽，对我来说是一种享受。如果要我编一万顶一模一样的草帽，我就不得不夜以继日地工作，不仅疲惫劳累，还成了巨大的精神负担。难道你不该多付钱吗？”

孩子为快乐而生活，
成人却为追逐快乐而生活。

当工作是为了快乐的时候，它就像你头上的一顶草帽；当工作是为了金钱的时候，它就成了你头上的一万顶草帽。

选择一万顶草帽的人，并不是因为需要，很多时候只是因为贪心。

幸福的价格

一天，罗伯特来到老朋友鲍勃的住处，见鲍勃一个人坐在新买的房子里面对着一张报纸发呆，于是便问："鲍勃，你不是说要去钓鱼吗？为什么不准备渔具，却在这里发呆呢？"

鲍勃见了手拿渔具风尘仆仆地赶来约他去钓鱼的罗伯特，一脸惊讶地说："罗伯特，你可真是好兴致呀，都什么时候了，你还有心情去钓鱼？你没看到今天的报纸上说，现在不但新墨西哥州的房子在跌价，就连整个美国的房价都在疯跌呀！"

罗伯特不明白地问："这跟钓鱼有什么关系吗？"

鲍勃摊了摊双手说："我真是搞不懂你！怎么没有关系？我刚刚花高价买了一套房子，房价便跌了下来，哪里还有心思去钓鱼啊！"

罗伯特依然不解地问："难道你在做房地产生意？"

鲍勃说："不，我没有做房地产生意。但是，你想想，原来我住在一栋价值30万美元的房子里，一夜之间，我却住进了一栋价值不到20万美元的房子里了，你难道不觉得很吃亏吗？"

罗伯特突然觉得鲍勃的话很有道理，于是也心事重重起来，因为他也花了30万美元在新墨西哥州买了一栋跟鲍勃一样的房子，可是现在它却只值19万美元了。"

整整一个星期，两人愁得茶饭不思，更别说去钓鱼了。偶尔彼此通个电话，也是唉声叹气，心事重重。

又一天，罗伯特突然接到鲍勃的电话："嗨，老伙计，我们去钓鱼吧。”

罗伯特说：“你不是说，房价跌了，你再也没有心情去钓鱼了吗?”

鲍勃神秘地在电话里笑了笑，说：“告诉你一个好消息，报纸上说，现在的房价又涨了，像我们那样的房子现在要35万美元才买得到呢。”

罗伯特听了高兴得跳了起来：“真的？这么说，我们现在住在价值35万美元的房子里啦？我们可真幸福啊!”

鲍勃说：“是的，老伙计，我们真的很幸福，难道我们现在不应该去钓鱼吗?”

一旦给幸福贴上了标价，那么幸福便会像市场上的商品一样，时涨时落。

幸福是鞋子里的大脚趾，而不是西服前的蝴蝶结。

一个走运的人

艾美斯一直记得一个名叫玛萨的女人，因为她最喜欢说一句话“真走运啊”。事实上，她并非那种看来特别“走运”的人。她在街边开着一家小小的杂货店，里面出售的只是诸如糖果、水果刀、铅笔盒之类的小东西。

玛萨一天到晚总是端坐在店门口的柜台后面，面含微笑地招呼客人。闲下来时，她就用丝线编织一些小饰物，诸如手链啦、发带啦……编好之后就挂在店子里，有谁喜欢就廉价买走。

艾美斯最初被她编织的一个精巧的笔袋所吸引，淡绿色的，像一束娇嫩的草。看见艾美斯站在柜台前，玛萨由衷地说：“今天真走运呵，看，春光多美!”

“这笔袋就像春的颜色，”艾美斯说，“特别美。”听到这话，玛萨高兴起来，“我真走运，”她说，“遇到了一个知道我心思的人。”

艾美斯买下了这个笔袋。不知怎的，她牢牢地记住了这个女人，也许是因为她温和友好的态度，也许是因为她单纯的眼神，也许就因为“真走运啊”那句话。

从此，艾美斯经常会顺道去看看那家小店，有时买些东西，有时只是看看。因为在她的生活圈子里，很少有人认为自己很“走运”。有些人在外人看来已经过得相当不错了，但他们本人仍觉得还缺少许多，远远够不上“走运”。

可是玛萨，她终日无聊地坐着，等待着人们的光顾，还得一张一张抚平那些乱糟糟的零钱。但就是这个人，每天把头发梳得漂漂亮亮，把很普通的衣服穿得有型有样，安详而知足地活着。

有一天中午，艾美斯又路过店子，玛萨正在吃午饭——面包蘸着果酱。看见艾美斯，她笑笑说："今天真走运，你不知道这面包多么好吃!"

有一次，艾美斯在店子里买了一顶太阳帽，她告诉玛萨她要去爬山。玛萨高兴地说："你真走运啊！爬山真好。"她让艾美斯归来时替她带一张山上的风景照。

几天后，艾美斯如约把拍得最好的一张照片带给玛萨。她还怂恿玛萨，哪天干脆请人照看一下店子，自己亲自爬上山去看一下美景。

"有缆车吗?"玛萨问。艾美斯说："有呢。""真的有?和我想的一样。真走运啊，要是有一天我也能去看看，就太好了!"

"其实，不必坐缆车，慢慢往上攀，那才有意思。"艾美斯建议说。"是啊! 是啊!"玛萨笑笑说，"我梦想过这样。"

很久以后的一天，从外地漫游归来的艾美斯忽然想起了玛萨的小店，可是，她发现店子换了店主。新店主说，玛萨去世了。艾美斯怔了许久，问："那你知道，她去世前去爬过山么?"店主正忙着做生意，这时突然停下来，十分惊讶地说："爬山? 不会吧?"

这时艾美斯才知道，玛萨是个下肢瘫痪的女子，整天坐在特制的轮椅上看守小店。那天她突然昏倒时，许多人去扶她，当她苏醒过来看见大家时，不禁真诚地说："谢谢。我真走运……"说完又昏过去，再也没有醒来。

上帝给每个人都赐赏了幸运，但只有少数人看见了它。

不幸是一条狗，你害怕它，它就把牙齿露给你；如果你藐视它，它就会向你摇尾巴。

春天的早晨

有一些故事，读过不仅让人感动，而且还会给人带来一份惊奇，让你久久不能忘怀。试着读一读下面这篇文章吧——

一个特别漫长的冬天，我独自一人居住在纽约，那个冬天的大部分时间我都待在家里。突然有一天，寒冷悄然消失了，空气中充满了沁人心脾的春天的芳香。窗外，一只小鸟不停地欢叫，好像在邀请我外出。

走在春天的大街上，我冲着太阳抬起了脸，给它一个灿烂的微笑，作为对它给我光和热的回报。我沿着街区的小巷漫步走着，我的邻居向我打招呼，问我是否需要搭个便车。“不，谢谢了。”我说，“我的双腿已经休息了整整一个冬天，我的血管急需运动，我想走一会儿。”

走到街角的时候，我像通常那样停了下来。但等了好半天，都没有人走近我。我耐心地等待着，随口哼起了一首动听的歌曲。那是一首欢迎春天到来的曲子，当我还是个学生时就会唱了。

一个柔美的女声突然在我耳边响起：“尊敬的先生，看来您是个非常有趣的人。我能否有幸和您一起过马路?”我自然无法拒绝这样的邀请，便微笑着高声说：“好啊。”

她温柔地挽起我的手臂，我们一起慢慢地向前走去。我们谈论着美好的天气，以及生活在这美丽春天的快乐。

我们迈着同样的步伐向前走，很难说是谁在带领着谁。当我们快要走到马路对面的时候，我开始听到一两声不耐烦的汽车喇叭声，显然有人在催我们了。

我们快走几步过了马路。我转过身来，想感谢这位女士的慷慨帮助和陪伴，但是，在我还没有来得及开口之前，她却对我说："您知道吗？能够有您这么快乐的人陪伴我这个盲人过街，真是一件非常愉快的事。"

于是，那个春光明媚的日子便永远留在了我的记忆之中。

这样的故事难道不打动人心吗？当然。知道这篇文章的作者是谁吗？告诉你，是法国盲人作家于格。

春天的每一片花瓣，都是岁月从天外捎来的问候。淡淡的芳香，就是一声声贴心的话语。

看不见街道和红绿灯，但听见了鸟鸣和口哨声也一样很美。正如一位诗人所说："贫穷，但能听见风声也是好的。"

所以，通常是我们在拒绝快乐，而不是快乐拒绝了我们。

16万美元的赐赏

一个中等收入的美国家庭，养育一个孩子，从出生到18岁，约需160140美元，这还不算孩子读大学的费用。18年，160140美元，折算平均每年8896美元，每月741美元，每星期185美元，每天26美元，每小时约合1美元。

一个母亲看了这个数字，给报纸撰文说，这笔费用实在惊人，但比起孩子给我带来的快乐，它就不算什么了。160140美元的付出，可以换来很多意想不到的东西。

你拥有了命名权，你可以根据自己的喜好，给孩子命名。如果这个名字叫艾森豪威尔或者乔治·布什，你就赚大了；你终于把自己小时候的许多事情重新记起来，至少你大概知道小时候是什么样子了；你可以经常接受亲吻，或者献出亲吻；你再次和石头、蚂蚁、云朵和温暖的小甜饼成为朋友；经常有一只上面沾满果酱的小手，紧紧牵着你；有了一个伙伴，可以一起吹气球、放风筝、堆沙堡，在大雨中的人行道上跳跃而行；可以和一个人一起尽情地傻笑，即使那天老板责备过你，或者刚买的股票跌得一塌糊涂。

除此之外，付出160140美元，你就能够返老还童，又开始对捉迷藏、抓萤火虫产生兴趣，继续相信圣诞老人的存在；你终于有了借口，开始涂指甲油，雕南瓜玩具；继续阅读《淘气熊历险记》，欣赏周六早晨的卡通动画，观看迪斯尼电影，期待明星出现；你学会了折叠飞机，还开始设计彩虹和心形的冰箱磁铁；你可以再对着星星许愿，不过你现在的愿望只有一个，那就是——祝愿你的孩子茁壮成长。

你开始成为英雄，仅仅因为你取下了车库顶上的飞盘，卸掉了自行车上的辅助轮，清除了一堆玻璃碎片，填平了一个浅水坑，巧妙地弄走了发梢上的一撮口香糖，训练了一支老是赢不了却总能得到冰激凌的棒球队。

你可以坐在最近的位子上，观看孩子们的成长历程，见证他们第一次学会走路，第一次开口说话，第一次与人约会，第一次开车上路，第一次找到工作的喜悦。

付出 160140 美元，你还会接受大学里得不到的教育：心理学、护理学、交际学、生理学；你能够如愿成为一名教师，帮助孩子改正生活的过错，赶走床下的“魔鬼”，缝合受伤的心灵；你可以给予他们谆谆教诲，毫无保留地爱护他们，等到有一天他们就会反过来喜欢你，不计成本地爱你……

我们确实付出了很多，可是我们的收获难道还小吗？有一天，我们的孩子长大了，他们也将这样地去爱、去付出，然后他们也一样得到这样的报答。这是一件多么美妙的事情啊！

爱是这样一种神奇的东西：在你奉献它的时候，同时就得到了回报，而且，得到的甚至比给出的还要多。

是孩子让我们真正成熟，是孩子让我们再一次回到童年。对孩子心存感激的人，才能成为优秀的父母。

罕斯的金子

有一个年轻人叫罕斯，他给主人做了七年工。由于他为人忠实勤劳，在他准备离去的时候，主人给了他一大块金子。罕斯把金块扛到肩上，高兴地起身回家。

路上，罕斯看见一个人骑着一匹活泼的马走过，他想，骑马该是何等快乐的一件事呀！于是他用金子换了一匹马。骑在马上的罕斯，洋洋得意。马跑了起来，罕斯没有留心，一下子摔在路边的水沟里。

罕斯很生气，他觉得马不好，于是用马换了一头奶牛。后来他看见一个人牵着一头猪，那头猪看起来很可爱，于是罕斯就用奶牛把那头猪换下来。随后罕斯又用猪换了一只鹅，最后他听了一个磨刀匠的话，用鹅换了一块磨刀石。

罕斯背着一块磨刀石往回走。他觉得自己是多么幸福呀：有了一块磨刀石，他就可以靠帮别人磨刀赚钱，以后的生计就不用愁了。但这块磨刀石实在太重了，把罕斯累得气喘吁吁。罕斯找到一口水井，他扛着磨刀石趴在井边喝水，一不小心，磨刀石掉到井里去了。

这下罕斯摆脱了唯一的累赘。他高兴得跳了起来，普天之下还有谁比他更轻松快乐呢？他迈开大步，心情舒畅地回到他母亲那儿去了。

如果把罕斯换成我们，故事就会变成这样：赤手空拳去弄一块石头，然后想方设法用它换一只鹅，再绞尽脑汁换来一头猪，接下来再不择手段地换来一头牛，然后换成一匹马，最后把它变成一大块金子……

罕斯的每一次失去，都是一次放下。当他一无所有的时候，他得到了完全的自我，于是就成了真正快乐的人。

一无所有的人之所以幸福，是因为他再也不担心失去什么。

独舞的蝴蝶

秋天，草地上一片寂静，萧瑟冷清。大地积满了落叶，枯败的叶子蜷缩着，如一张张满是皱纹的脸疲倦地向上张望着。阳光下，小草如漂洗过一般，浅黄浅黄的，迎着秋风瑟瑟作响。一切都显得无精打采，凛冽干燥的寒风暗示着这个季节并不属于脆弱的生命。

然而，在绝望的阴影里总是潜伏着愉悦的惊喜。不远处一只小小的蝴蝶，一身洁白地悠然飘来，半透明的翅膀正不紧不慢地拍打着，宛若一朵飞舞着的雪花。一忽儿，轻轻地落在草叶尖上，吻一吻，旋即又飞走了。

枯黄的草地忽然变成一方广阔的舞台，舞台上，这只小小的蝴蝶正孤独地上演一场独角戏。没有灯光，没有音乐，没有观众，没有掌声，孤独的舞者只是默默地奉献着它最美丽的舞姿，舞姿里有忧伤的美丽，也有优雅的欢乐。舞啊，舞啊……所有的绝望、所有的欢乐、所有的痛楚都融进这绰约的舞姿里。整个世界停顿下来，默默地注视着。

一只小小的蝴蝶就这样征服了整个世界。夏日里，会有许许多多这样的蝴蝶，小小的，白白的，舞动在世界的每个角落，成群结队地飞过这个季节，不留下一丝痕迹。当花儿慢慢零落，生机勃勃的绿色也渐渐褪去，只留下孤零零的大地，仿佛干涸的生命之滩。

就是在这片荒芜的生命之滩上，孤独的舞者悄然而至，开始享受它那姗姗来迟的短暂生命。尽管，留给这个小生命的并没有多少舒适与安慰，在这静默的季节里，它仍是这广漠舞台上唯一的主角。

不知这小东西是否明白，美好的获得往往要作出巨大的牺牲。代价的确是巨大的，秋天来临，日子一天天过去，寒冷一天天加剧，它会无情地吞噬蝴蝶的生命。然而，重要的并不是生命的长度，而是其价值。

也许，在世间的某个角落，一个含苞欲放的花朵正默默地等待着属于她的那只蝴蝶。有一天，他们相遇，娇嫩的花朵便张开她的怀抱，热情地迎接那久久等待的客人翩翩而来……难道这只是秋天里的一个梦想吗?

快乐的喜剧不需要很多道具，而你的心情就是最好的导演。

假如生活遇到了伤痛，假如人生不小心走进了一段荒芜的季节，千万不要绝望，像秋天里的小蝴蝶那样，扇动起生命的翅膀吧，你就会在苍茫的原野听见春天轻盈的足音。

兔子和月亮

有一只快乐的兔子，常常坐在一棵老槐树下欣赏夜空。月亮圆时，它很快乐："瞧，月亮像一面发光的镜子，多美啊!"月亮缺时，它也很快乐："哈，月亮像一只香蕉挂在树梢上，真有趣!"即便没有月亮时，它仍然很快乐："看，漫天的星星代替月亮来陪伴我了，还朝我眨眼睛呢，还有云也游过来了!"

天上的神见这只快乐的兔子如此爱月亮，就对兔子说："既然你喜欢月亮，那我就把月亮送给你了。"

兔子惊喜极了："您是说，从今以后，月亮就是我的了?"

"是的，它只属于你。"

快乐的兔子这回真是快乐至极。然而没过多久，快乐的兔子就变得不快乐了：月亮圆时，它担心月亮的夺目会招来嫉妒和争抢；月亮缺时，它疑心是否有人偷取了一块；乌云遮住月亮时，它生怕它的宝贝被云夺去……总之，原先美好的一切已经变得险象环生，无法让它快乐了。兔子问老槐树："为什么我得到了，反而不快乐了呢?"

老槐树回答："因为你总在想：这是我的月亮!"

兔子明白了，原来从前的快乐是因为"那不是我的月亮"。

世界本来很大，如果每个人都想据为己有，世界就会变小；如果每个人都想得到，最后每个人只能失去。

享有比拥有能获得更多的幸福。

谁建造了金字塔

金字塔的建造者，不会是奴隶，应该是一批欢快的自由人！

第一个作出这种判断的，是瑞士钟表匠塔·布克。1560年，他在埃及的金字塔游历时，作出了这种断言。

2003年，埃及最高文物委员会宣布，通过对600处墓葬的发掘考证，金字塔是由当地具有自由身份的农民和手工业者建造而成，而非希罗多德在《历史》中记载的，是由30万奴隶所建造。

在400多年前，一个钟表匠为什么一眼就能看出金字塔是由自由人建造的呢？自从埃及考古工作者证实了塔·布克的判断，埃及国家博物馆馆长多玛斯便对这位钟表匠产生了兴趣，他想知道这个人到底是凭什么作出那种断言的。

为了搞清这个问题，多玛斯开始收集塔·布克的有关资料，最后他发现，塔·布克是从钟表的制造推知那个结果的。

塔·布克原是法国的一名天主教徒。1536年，他因反对罗马教廷的刻板教规，被捕入狱。由于他是一位钟表大师，入狱后就被安排做钟表。在那个失去自由的地方，塔·布克发现，无论狱方采取什么高压手段，都不能使他制作出日误差低于1/10秒的钟表。可是入狱前的情形却不是这样，那时他在自己的作坊里，能使钟表的误差低于1/100秒。

为什么会出现这种情况？起初，塔·布克把它归结为制造的环境。后来他们越狱逃往日内瓦，才发现真正影响钟表准确度的不是环境，而是制作钟表时的心境。

塔·布克之所以能得出金字塔的建造者是自由人的结论，就是基于他对钟表制作的那种认识，塔·布克的记载中有这么两段话：

一个钟表匠在不满、恐惧和愤懑中，想要圆满地完成制作钟表的1200道工序，是不可能的；在对抗和憎恨中，要精确地打磨出一块钟表所需要的254个零件，更是比登天还难。

金字塔这么大的工程，被建造得那么精细，各个环节被衔接得那么天衣无缝，建造者必定是一批怀有虔诚之心的自由人，真难想象，一群有懈怠和对抗思想的人，能让金字塔的巨石之间连一叶刀片都插不进去。

塔·布克是第一批因反宗教统治流亡瑞士的钟表匠，他是瑞士钟表业的奠基人和开创者。据说，瑞士到目前仍保持着塔·布克的制表理念，决不与那些工作采取强制、有克扣工人工资行为的国外企业联营，他们认为，那样的企业永远造不出瑞士表。

在过分指导和过严监管的地方，别指望有奇迹发生，因为人的能力，唯有在身心和谐的情况下，才能发挥到最佳水平。

过分的约束，可能造就一流的工匠，但决不会孕育一流的大师。

带着镣铐的心灵，怎么能挥动天才之手？

每天快乐一小时

在美国阿拉斯加地区，有一个小镇叫格鲁特吉伦，这里靠近北极圈，全年平均气温只有4度，冬天最低气温可达零下40度。由于气候严寒，居民的生活来源有限，因此，该镇失业人口众多，生活极为艰苦。不少人悲观失望，经常有人背井离乡，前往他处谋生。

为了驱散格鲁特吉伦的悲观气氛，鼓励当地居民积极生活，2005年2月1日，格鲁特吉伦镇委员会制定了一条在全世界都堪称独一无二的法令。该法令规定：每天的傍晚6时到7时为“快乐1小时”时间，在这60分钟里，所有居民包括前往该镇的旅游客人，都必须面带微笑，不得吵架生气或愁眉苦脸。如果谁违反了这一法令，轻者将处罚金，重者将被强制学习，学习的内容是观看喜剧电影和诙谐有趣的电视脱口秀。

这一奇特的法令颁布后，每到傍晚6点到7点，那些笑容满面的警察和执法人员便走街串巷，观察人们是否正在“快乐”，如果发现不快乐者，执法者就微笑地对其处罚。渐渐地，在每天的“快乐1小时”期间，格鲁特吉伦镇就成了一个快乐大本营，无论男女老少，无论平民富商，大家都聚在一起，开怀大笑，相互逗乐。

就这样，格鲁特吉伦镇又充满了活力与欢笑。

只要不放任自己在忧伤中沉溺，只要努力去寻找快乐、创造快乐，快乐就一定会来到我们身边。

如果承受快乐都那么艰难的话，痛苦将会变得多么沉重?!

感激……

感激每夜都和你抢被子的伴侣，那表示你所爱的人忠诚地和你在一起；

感激每晚在书房扯着嗓子唱摇滚的孩子，那表示你的宝贝正乖乖在家而不是流浪在外；

感激你要缴纳的税金，那表示你有固定的收入；

感激穿在你身上越来越紧的衣服，那表示你生活得很好；

感激冬天你必须支付的大笔供热费，那意味着你生活在温暖的屋子里；

感激跟在你身后的阴影，那意味着你正享受着阳光；

感激待修剪的草地、待擦洗的窗户、待整理的排水沟，那表示你有一个宽敞的家；

感激找到了最远的那个停车位，那表示你还能走路，且有幸还拥有一辆汽车；

感激每月收到的巨额账单，那表示你有很强的购买力；

感激在教堂做礼拜时，身边总有几个五音不全的人放声高唱，那表示你听力正常；

感激一天的疲劳和酸痛，那表示你还有充沛的工作能力；

感激每晚要回复的大量电子邮件，那表示你有很多朋友，而且他们经常牵挂着你；

感激一大早被闹钟吵醒，那表示你健康地活着，充满朝气，而且有一个崭新的日子等着你……

不是所有的快意都值得庆幸，也不是所有的痛苦都需要远离。人生是一枚硬币，不要光看见这一面的灰冷幽暗，别忘了，另一面还有灿烂千阳！

博　爱

抚慰众生的悲悯

HARVARD FAMILY INSTRUCTION

两只狗

赫尔斯是美国西部小城中一位出色的编剧兼导演，不久前他为剧团写了一部幽默剧。在当地媒体的大肆渲染下，这个剧本早已名声大噪。独特的题材和新颖的表现手法，使人们对它充满期待。听说这个剧本还有一些别开生面的设计，比如它里面还有狗叫。

一个大雾弥漫的日子，赫尔斯正在对剧本最后一幕进行润色。这时，一位老人走进了他的房间，站在他的写字桌前。

赫尔斯有点不知所措，他茫然地抬起眼睛问道："您是谁？有什么要求吗？"

"我，我……"陌生人胆怯地说，"谁？我谁都不是呀！"

"假如您谁都不是，那您为什么站在这里？"

"我，我就是剧团里那个……将要学狗叫的那个人。我就是……剧本里的狗……"

"您就是装扮狗的演员吗？"

"对，就像一只真的狗那样叫。这门技巧，我在年轻的时候就学会了。我能够把真的狗逗弄得乱跳乱叫……"

"请您继续说下去。"

"我听说先生您写的剧本里有两处狗叫，对吗？"

"是的。就在第二幕开始时。"

"这正是我最熟悉的门道。我之所以要来这儿，是因为我听说先生您是一位心肠非常善良的好人。我是想请求您……我可怜的妻子正卧病在床，但我们却无法去医治，因为没有足够的钱……所以，我想来请问先生，是不是每一幕都需要有狗叫？”

“朋友，我们不能有那么多狗叫，那是不符合剧情逻辑的。您知道……”

“也是……原来我也是那么想的……”老人垂头丧气地说，“怎么能够有那么多狗叫呢？可是先生，也许只有您能帮助我们渡过难关……”

“假定说有三次狗叫，那您会拿到多少钱呢？”

“那样的话，我每天晚上就可以拿到三块钱，那对于我来说很重要！”

赫尔斯沉思了一会儿。“唔，假如在剧本里有两只狗叫，一只在左边叫，另一只在右边叫，你看怎么样？”

“好极了！”老人高兴得连忙打断他的话，“因为我儿子已经像我一样，学会了这个独门技巧。这么一来，这就是一个真正出色的剧本了！”

“好！那就这样定了！”

老人怀着感激之情离开了房间，赫尔斯马上开始对剧本作最后一次修订。

多加的几声狗叫，也许不能让一场戏变得更加生动，但它一定可以让世界变得更加温馨。

一份特殊的病案

在一家著名的医院，一群学生正跟一位年长的导师实习。这位导师是一个“性情古怪”的女人，很多学生都不敢做她的实习生，因为跟着她很难及格。

这位导师是妇产科主任，非常重视病案，在她看来，这是学生临床入门的基本功，也是她对学生考评的重要依据之一。

有一天，导师让这几个即将结束实习的学生对一例初产妇分娩过程进行观察，然后写出一份完整的产程病案。学生们仔细观察和记录了分娩的全过程，每个人的病案都写得非常完整，没有漏掉一个技术性的细节。

然而，导师看完所有的作业之后，只在一个学生的报告后面批了一个“合格”，其余的全部打回。

这些学生更加认真地重新整理了病案记录，结果，导师还是很不满意。

大家感到很迷惑，于是，就找来导师批注了“合格”的那份作业，对照之后发现，那位同学的病案记录只比他们多写了一句话：“产妇的额头上冒出了豆粒大的汗珠。”

普通的医生，只会看见病人的心跳和血压，只有心怀仁爱的医者，才看得见“豆粒大的汗珠”。

人类最严重的疾病，莫过于怜悯和慈悲的丧失。

你是否虚度此生

那个星期天是一个寒冷的冬日。教堂的停车场很快就停满了汽车，当吉姆走出汽车时，他注意到教友们正一边向教堂走去，一边低声议论着什么。

当吉姆走近时，看见一个男人正斜靠着教堂外面的墙壁躺在地上，好像睡着了似的。他身上穿着一件几乎已经破成碎片的军用防水短上衣，头上戴着一顶破帽子，那顶帽子遮住了他的脸。他的脚上穿着一双看起来差不多穿了30年的旧鞋子，而且对他来说，那双旧鞋子也太小了，上面还布满了破洞，他的脚趾头都露在外面。

这不过是一个流浪汉。吉姆一边想一边继续朝前走。进了教堂，他和教友们寒暄了一会儿，有人还在议论那个正躺在外面的男人。大家窃笑着，闲谈着，但是没有人想到要请他到教堂里来。

讲道就要开始了，大家都翘首等待着牧师，可是牧师一直没有从讲坛后面走出来。

正在人们盼望的时候，教堂的门开了。进来的不是别人，就是那个躺在墙边的流浪汉。他低着头，沿着走廊慢步向前走去。他步履蹒跚地往前走，走过一排又一排，却没有挑选一个座位坐下去。他径直穿过走廊，最后竟然登上了讲坛！

他脱掉了帽子和上衣，大家的心一齐沉了下去：前面站着的竟然是他们的牧师！没有人说话，整个教堂大厅一片安静。

牧师拿出他的《圣经》放到讲台上，然后看了看台下所有的人。“教友们，我想，不用我说，你们也知道今天要讲什么内容了。”接着，他就开始唱下面这首歌：

如果在我经过的时候，能够帮助别人；

如果我能用一个字或者一首歌来鼓励别人；

如果我能在别人犯错误的时候给他指出；

——那我就没有虚度此生。

大家跟着唱起来，但是声音却没有原来那么洪亮，也没有原来那么自信。

仁慈对有些人来说，不过是一件廉价的饰品。

有多少时候，我们坐在公车上望着窗外，而我们的身边就站着白发老人？有多少时候，看着一个乞丐伸出干枯的双手，我们却舔着冰激凌侧目而过？有多少时候，面对一张悲伤的面孔，我们竟然不肯说一句温暖的话语？

最好的消息

阿根廷著名的高尔夫球手罗特·德·温森多是一位豪放豁达的人。有一次，温森多赢得了一场锦标赛。领到奖金支票后，他微笑着从记者的重围中走出来，经过停车场准备回俱乐部。

这时候，一个年轻的女子向他走来，她先向温森多表示祝贺，接着告诉他说，她那可怜的孩子正病得很重——也许会死掉——而她却不知如何才能支付昂贵的医药费和住院费。

温森多被她的讲述深深打动了，他二话没说，掏出笔，在刚赢得的支票上飞快地签了字，然后塞给那个女子。“这是我赢得比赛的奖金，祝你的孩子早日康复。”

一个星期后，温森多正在一家乡村俱乐部进午餐，一位职业高尔夫球联合会的官员走过来，问他前一周是不是遇到一位自称孩子病得很重的年轻女子。“是停车场的孩子们告诉我的。”官员说。

温森多点了点头：“的确有这么回事。”接着又问，“到底怎么啦?”

“哦，对你来说这是一个坏消息，”官员说，“那个女子是个骗子，她根本就没有病得很重的孩子。你让她给骗了!”

“你是说，根本就没有一个孩子病得快死了?”

官员点了点头。温森多长吁了一口气，然后说：“这真是我一个星期以来听到的最好的消息。”

对商人来说，金钱是最好的消息；对官员来说，晋升是最好的消息；对球手来说，赛事是最好的消息；对一个善良的人来说，众生的平安才是最好最好的消息!

愿我们每一天听到的所有不幸和灾难，都是骗局，都是谎言!

母爱的宽恕

一天，两个顽皮少年在加州的一个林场玩耍，恶作剧地点燃了那片丛林，他们只是想看看消防员们灭火时会是怎样的慌乱和焦灼。他们万万没有想到，因为这一次火灾，一名消防警察不幸牺牲了。

这名牺牲的消防警察才22岁，在全力以赴地履行自己的职责时，被浓烟熏倒后烧死在丛林里。更让人伤痛的是，这名消防警察早年丧父，是母亲独自将他抚养长大。成长的过程充满艰辛，他常常对母亲表示，等他成人后要好好回报她。而这正是他参加工作后的第一周，连一次薪水都还没领过。

查明这是一起蓄意纵火案后，整座城市的人们顿时愤怒了，市长表示，一定要将罪犯抓捕归案，让他们接受惩罚。警察开始追捕，那两名被列入嫌疑人的少年被四处张榜通缉。

这一切都不是这两个少年最初所料到的，他们惊恐地逃离这座城市，四处流窜。听着来自四面八方愤怒的声音，他们陷入深深的恐慌之中。

除了这两个少年，媒体的目光也同时转向那位警察的单身母亲。但是当她说出第一句话时，所有人都震惊了。她说：“我很伤心地看到我的儿子离开了我，但是我现在只想对制造灾难的两个孩子说几句话——你们现在一定过得很糟糕，很可能生不如死。作为这个世界上最有资格谴责你们的人，我只想说，请你们回家吧，家里还有等待你们的父母。如果你们这样做了，我会和上帝一道宽容你们……”

那一刻，所有的记者都无语了，没人想到这位刚刚失去儿子的母亲居然会说出这样的话，他们以为等来的声音会是哀伤，然后是愤怒，没想到竟然是宽恕！

就在这位母亲发表讲话后的一个小时，在邻城小镇的一家旅馆里，两名少年投案自首了。

他们告诉警察：在那位母亲发表电视讲话之前，他们因为承受不了巨大的压力，已经设法购买了大量安眠药，准备一起离开这个世界。就在这时，他们从电视里听到了那位母亲的声音，他们将安眠药扔掉，拨通了警局的电话。

当年这两名鲁莽的少年如今已为人父，他们经常领着自己的孩子去看望那位可敬的母亲，她已经是他们心灵中另一位神圣的母亲了。

谁都可以想象，如果这位母亲当时说出的是另一番话，这两个少年的今天可能就是另一种模样。一个宽恕，让一个悲剧故事就这样温馨地结尾。

大义母亲之所以愿意拯救而不是报复，只是因为，她不忍心看见世界上再多两个离开母亲的孩子，不愿意看见世界上再多两个失去孩子的母亲。

悲悯可以产生宽容，宽容可以产生爱，爱可以泯灭仇恨。

谁不需要帮助

汉斯把宝马车停在一家商场前面，一边洗擦车身，一边等着妻子下班。

这时候，一个人穿过停车场朝他走来。从外表判断，这个人没有车，没有家，没有干净的衣服，没有钱。碰见这种人，有时候你会产生显示你慷慨的冲动，而有时候你却不想被打扰。眼下汉斯就“不想被打扰”。

“我希望他别开口向我要钱。”汉斯心想。

这个人的确没有。他走过来，坐在公共汽车站前面的路边，但是他看上去似乎根本没有钱坐公共汽车。

几分钟后，这个人开口了。“你的车子可真漂亮！”他说。他虽然衣衫褴褛，但身上却透出一种尊严。“谢谢。”汉斯说，一边继续擦车。

汉斯只管忙自己的活儿，那个人就静静地坐在那里，预料中要钱的请求没有出现。随着两人之间的沉默变得越来越令人难耐，汉斯心里突然出现一个想法：问问他是否需要帮助。可以肯定地预料，那个人一定会说“是的”。但汉斯还是让心里的声音冒了出来。

“你是不是需要什么帮助？”汉斯问。

汉斯本来料想，他会伸出一只干枯的手，说“是的”，没想到，他却用另外一句简单但深刻的话做了回答。那几乎是一句让汉斯措手不及的话：“我们不都需要帮助吗？”

在一名街头流浪汉面前，汉斯曾感到高大、威严、得意，没想到那句话却像一支大口径猎枪击倒了他——“我们不都需要帮助吗?”

每个人都需要帮助。或许不是一次公车的车资或一个借宿的床铺，但我们一定会在什么时候或什么地方需要帮助。

汉斯掏出钱包，给了他一些钱，不仅够他的车费，还足以让他吃顿热饭，找个地方过夜。

也许那个人只是个流落街头无家可归的陌生人，也许远不止于此。也许他是被某种伟大的智慧力量派遣到汉斯面前，特意指引一个迷茫的心灵。

我们不都需要帮助吗?记住，这是上帝的声音。

生命在给我们挫折的同时，
也给了我们抵御挫折的武器。

不管你多么富有，不管你多么坚强，不管你怎样声名显赫，你还是需要帮助；不管你怎样贫穷，不管你有多少困难在身，哪怕你无家可归，你依然能给予帮助。

人生的路很长，这句话足以成为一把雨伞或者一件披风，温馨而智慧地陪伴着我们。

树虎为什么灭绝

一百年前，人们在亚马逊河岸砍伐树木时，发现一个十分奇怪的现象：在电锯的轰鸣声中，所有的动物都逃离了，唯有一种叫树虎的动物不肯走开。树虎是非常胆小的，工人们深感疑惑，不明白它们为什么不走。

动物学家桑普知道了这件事，经过观察和研究，他终于发现了其中的秘密。他告诉工人们说，一定有一只树虎被树胶粘住了，所以其他的树虎才不肯离开。大家仔细搜寻，果然发现树干上有一只树虎。

原来，在树虎的族群中，经常会有一只被树胶粘住，从此再也不能动弹。让人感动的是，一动不动的树虎仍然能在世上存活很多年，因为周围的树虎都会轮番来喂养它。伐木工人听了如此神奇的传说，都被深深感动，他们将粘有树虎的那棵树移到森林的深处，于是，所有的树虎也都跟着迁移了。

但是，多少年后树虎还是在世上灭绝了。因为它的毛皮非常昂贵，于是，有人就打起了不良的主意。他们捉住一只树虎，用胶把它粘在树上，其他树虎便相继跟来，轮流寻食喂养这只树虎。善良仗义的树虎，因此纷纷落入猎手的圈套。渐渐地，树虎就越来越少了。

北极鼠也是一种善良可爱的动物，如果有一只北极鼠被猎人的铗子夹住了，除了等死，它就别无选择。但一般它不会死，等过几个月后腿脱落，它就一瘸一拐地逃生了。在这几个月中，总会有一些北极鼠跑来给它喂食。于是，人们又利用北极鼠的美德，将更多的北极鼠捕获。慢慢地，北极鼠同样也被灭绝了。

南非沙漠里还有一种动物叫沙龙兔。沙龙兔之所以能在沙漠里成活而没有干死，完全是因为它们的团结精神。沙漠每两年才会下一场像样的大雨，这对于任何生命都极为珍贵。每次大降雨后，成年的沙龙兔都会跑上几十里路，不吃不喝地寻找有积水的地方。

当它找到水源后，就立即返回，因为沙漠中的雨水有时会在一天内被蒸发掉。这是沙龙兔一两年中唯一的一次补水机会，于是，为争取时间，平日很少见到的沙龙兔迅速集聚起来，在这只首领的带领下，浩浩荡荡地跑上几十里路去喝水。

又是人类，利用沙龙兔的这一特点，故意设置假水源，当大批沙龙兔到达后，却发现那里根本没有水，它们因此而集体渴死，于是，捕猎者不费吹灰之力便将它们俘获。

在人类的“智慧”光芒之下，沙龙兔会有美好明天吗？

当善良最终成为善良的陷阱时，这个世界有多么悲哀？

人类为树虎和沙龙兔设置的陷阱，迟早会变成自己的坟墓——这个“迟早”也许很快就会来临！

波士顿鞋匠

一位老人，一生靠修鞋维持生活。他的鞋摊就摆放在波士顿法院门外的大街上。在没有顾客的时候，他就收起鞋摊，进入法院旁听各种案件的审理。

1841 年 8 月的一个清晨，一位年轻人被带进法庭。凭着多年的经验，老鞋匠一眼就看出，这又是一个在公共场所酗酒闹事者。在当地的法律中，“酗酒闹事”一般这样处理：要么被告人交付一笔保释金，这样便可判处“监外守”一年；要是被告人没钱交保释金，那他就得和小偷、抢劫犯、强奸犯、诈骗犯等人一起被关押一年。

有些年轻人本来心地纯洁，只是偶尔不小心醉酒闹事，但等从监狱出来时，却真的变坏了。老人见过不少这样的例子，第一次看见他只是酗酒闹事，第二次看见时，就成了强奸犯或者诈骗犯。

当老鞋匠看着这个年轻人眼里闪现出惶恐和悔恨的神情时，顿生恻隐之心。通过了解，他得知这位年轻人是一名出色的机器维修工，妻子已经怀孕。年轻人不想进监狱，不想失去这份工作，不想让自己的孩子一出生便去监狱探望父亲。他对酒后的一时冲动非常懊悔，但他没钱交保释金。

老鞋匠想，对于这样一个年轻人，他能做点什么呢？真的就这样看着他被判刑吗？

开庭的时候，老鞋匠站了起来，他告诉法官：他愿作这个年轻人的担保人。老鞋匠的古道热肠打动了法官，他当即宣布：被告人延期三周审判，三周后将视具体情况作出最后判决。

三个星期后，老鞋匠亲自陪同被告人返回法庭。他写了一份书面报告呈交给法官，上面写着：我以上帝的名义发誓并作证，这个年轻人三个星期以来滴酒未沾，谨守承诺。他勤奋工作，空余时间还照顾社区的孤寡老人。一起作出证词的，还有这位青年所属街区的警察和牧师。法官当场宣布释放被告人，并象征性地对他罚款 1 分钱。从此以后，这个年轻人再不饮酒，成了一个守法勤劳的好公民。

此后的 17 年间，老鞋匠一共为 2000 多人作过获释“担保人”。他与这些贫穷无助、偶犯过失的人交朋友，帮助他们找工作，鼓励他们改过自新。当缓刑期满，老鞋匠总是亲自陪同被告人出庭，也总是亲笔向法官提交一份报告，描述被告在监外期间的表现。

一个补鞋匠的爱心改变了众多人的命运，同时，也影响了美国司法制度的进程。

1859 年，这位老人去世。1878 年，马萨诸塞州根据这位老人的一生实践，制定了第一部缓刑法规，在州司法部之下成立一个“缓刑司”，并雇佣了观护官（缓刑官），至此缓刑观护者的法律地位得到了官方承认。后来，缓刑制度在美国逐渐流行，也传播到了世界其他国家。老鞋匠约翰·奥古斯塔斯，则被公认为刑罚史上的“缓刑之父”。

在看见丑陋的时候，也能够发现美好，在惩治罪恶的时候，也不忘拯救善良——那么这个世界就不会有那么多的遗憾，不会有那么多的痛心疾首！

避难的翅膀

天气很冷,凛冽的寒风似乎要将所有暴露在外面的东西都冻成冰凌，小狗都躲在屋子里，天上看不见一只飞鸟。

有一群鸽子缩在一间房屋的飞檐下取暖，几十只快冻僵的小麻雀从别处飞过来，希望在这里暂时栖身。

“亲爱的鸽子，”麻雀激动地说，“我们能和你们待在一起吗？你们的身躯是多么庞大温暖啊。”

“你们的外衣是如此冰冷，那会把我们都冻坏的。”一只鸽子悲伤地低语。

“但是，我们都快要死了……”一只小麻雀流着泪说。

“我们不也是吗？”

“可是，你的翅膀看起来是多么厚实啊！救救我们吧，我们如此瘦小，天气又是这样地寒冷！”麻雀继续央求道。

“来吧！”一只鸽子咕咕地说。那只颤抖的小麻雀感激地走过去，俯身卧到它的翅膀底下。

“你也来吧！”另一只善良的鸽子咕咕地说，又一只小麻雀也有了舒适的藏身之处。最后，有一半以上的鸽子，用它们冻僵的翅膀收留了瑟瑟发抖的小麻雀。

“姊妹们，你们真傻，”另一些鸽子说，“你们这样做，会连自己也冻死的。”

“可是，它们是多么可怜啊。”一只好心的鸽子说，“我们可能都撑不过这个严寒的夜晚，但当我们还活着时，就应当把我们的温暖同这些麻雀分享。”

天气变得愈来愈冷。寒风愈加激烈无情地吹过屋子四周，麻雀和鸽子在寒风里等待死亡。

第二天早晨，太阳升起来了，一个小女孩发现飞檐下的地板上落了很多鸽子和麻雀。“啊！爸爸！”她惊讶地喊道，“这里有好多冻死的小鸟！”

父亲走出来把掉落在地上的鸽子和麻雀都捡回屋里，不久，有一些鸽子渐渐发出了咕咕的叫声，并扬起了它们僵硬的翅膀。奇怪的是，每一只苏醒的鸽子翅膀下，都钻出了一只同样活着的麻雀。那些翅膀里没有麻雀的鸽子，却一只也没有醒来。

“为什么会是这样？”女孩问爸爸。

“有两个生命互相取暖，寒冷就变得不那么可怕。”爸爸意味深长地对女儿说。

有人一起分享是快乐，有人一起承担是幸福。

一份温暖两个人分享，就是两份温暖。一个苦难两个人承担，就只有半个苦难。

韦尔森的心愿

一个下着鹅毛大雪的冬天，一条幽长的峡谷里走过来两个人。年龄大的那个是美国人，年轻的是个韩国人。走了整整一天后，他们来到了深谷里一座石头垒砌的坟墓前。

坟墓上堆积着厚厚的雪。年长者对年轻人说："这就是你妈妈的坟墓，鞠个躬吧……"年轻人"扑通"一声跪倒在雪地上。

故事发生在1952年。美国为了挽回朝鲜战争的败局，为"联合国军"增援了一批士兵，韦尔森就是其中一员。当时，最激烈的一次战斗就发生在这个深谷，夜以继日的血战已经持续了好几天。

"联合国军"在强大的攻击下节节败退。撤退途中，韦尔森掉队了，而且离大部队越来越远。他十分着急，如果找不到部队，自己就有被俘的危险。

这时，他突然听到了婴儿的哭声，哭声是从一个雪窟里传出来的。韦尔森本能地扒开积雪，顿时被眼前的景象惊呆了。

在一个母亲的怀里，一个婴儿大声地哭着。更令人吃惊的是，母亲一丝不挂！原来，当这对母子被困在雪谷时，为了救活自己的孩子，母亲把所有的衣服都脱下来包在孩子身上，然后把他紧紧捂在怀里。虽然赤裸的母亲已经死去，但她怀中的孩子却活了下来。

韦尔森被这一幕深深地感动了。他忘记了自己的危险处境，忘记了他们是敌国公民。他连忙用野战工具在雪地上挖了个大坑，把这位母亲埋葬了，然后抱着还在大哭的婴儿去追赶部队。

战争结束后，他把这个孩子带回美国抚养。孩子长大了，韦尔森把当年发生的事告诉了他。现在，他将孩子带回来寻找他的妈妈。

跪在坟墓前的年轻人泪如泉涌。过了一会儿，他站起身，开始拨开坟墓上的积雪，然后把身上的衣服一件件脱下来盖在上面。他扑倒在地，把长久以来藏在心里的话说了出来："妈妈，这么多年你该多冷啊！"

韦尔森默默地站在那里，禁不住泪如泉涌。他终于完成了一桩久萦于心的使命，现在他感到很宽慰。

爱，没有国别，不分种族；爱，甚至可以消融敌友的边界。所以，唯有爱可以抵达任何一个需要它的港口。

感动世界的请求

1979年12月8日，年度诺贝尔和平奖得主、仁爱传教修女会会长特蕾莎飞抵挪威首都奥斯陆。诺贝尔和平奖评委会主席萨涅斯亲临机场迎接，并高兴地向特蕾莎宣布：国王将在典礼宴会上接见她。

特蕾莎一震："宴会？""是领奖典礼后举行的盛大宴会，众多贵宾将应邀参加，有国王、总统、总理、各界政要名流……"萨涅斯如数家珍。

特蕾莎沉思片刻，问道："这次宴会得花多少钱？""7000多美元。"萨涅斯回答。"7000多美元！"特蕾莎睁大眼睛，目光里露出无限的惋惜。她鼓起勇气对萨涅斯说："尊敬的主席先生，我有一个请求……请求您取消……取消这次宴会。"

萨涅斯十分惊诧，几乎不敢相信自己的耳朵。从1901年设立诺贝尔和平奖以来，第一次有人请求取消典礼宴会。"是的，我请求主席先生取消这次宴会，把省下来的钱交给我，用于救助那些饥寒交迫的穷人。"

特蕾莎含着热泪解释道："这餐豪华的国宴只能供一百多人享用，而这些人并不急迫地需要这顿盛宴。如果把这些钱捐赠出去，可以让几千名穷人吃一整天饱饭。"特蕾莎说这番话的时候带着深深的不安，因为她的请求可能让很多尊贵的客人无法享用这顿风光的大餐，届时将会有法国鹅肝酱、意大利牛排、挪威鹿肉等世界名菜，错过这样的盛宴，很多人会感到惋惜，甚至扫兴。

萨涅斯举目打量面前这个老修女。她一生为穷人服务，即使来参加这样的世界级盛典，身上穿的仍是那件长期伴她出入贫民窟的粗布纱丽。

是她没钱吗？不！她创建的仁爱传教修女会已有 4 亿美元的资产，可她的卧室却没有一件现代家具。她没有办公室，即使是尊贵的客人来访，她也只能在走廊里接待。

特蕾莎有些歉意：“主席先生，我的请求让您为难了？”

“不，不！”主席仰起脸，热泪满面，他向特蕾莎深深地鞠了一躬，“我亲爱的会长，您的请求深深地感动了我，感动了世界，我代表世界上所有的穷人和善良的人谢谢您。”

特蕾莎的要求没有得罪那些高贵客人，他们一致同意，取消那一年的国宴，把办理国宴的餐费统统交给特蕾莎修女。在颁奖仪式上，特蕾莎修女郑重地说：“这项荣誉，我个人不配领受。今天，我之所以来接受这个奖项，是代表世界上所有的穷人、病人和那些孤独的人们。”

特蕾莎修女遵守自己的诺言，连同这笔国宴费和本来属于她个人的和平奖奖金 19 万美元，全部都捐给了那些贫病交加急需帮助的穷人。

人类的贫困，并不是因为财富的匮乏，而是因为缺少爱心，因为贪婪，因为拒绝分享！

贫困仅限于人类，世界上绝没有贫困的动物。所以，贫困是人类最大的耻辱，是现实对人类最辛辣的讽刺！

所以，一个普通的修女会如此令我们仰慕。

小小的善

史密斯小姐在朋友的冰箱上看见一张资料卡片，上面写有这样一句话："练习不经意的仁慈与不自觉的美德。"这个句子马上跳进她的脑海，她决定把这个理念运用到生活中去。

一天，史密斯小姐开着车走向一个收费亭。由于刚刚发生了一起交通事故，那里已经排了很久的长队。轮到她缴费的时候，后面还有好几辆车等候着，于是她决定做点儿什么。

"我自己，还有后面的 6 辆车，一起付。"她笑着说，买了 7 张过卡票。

收费员问她原因，她复述了在朋友那里看见的那句话。

后面 6 位驾驶者一一来到收费亭，大家都被告知："前面有位女士已帮你付费了。"他们不约而同地追问原因，收费员就把那位女士的话复述了一遍。

他们快速地通过了关卡，同时这句话也快速开始传播，所有听到这句话的人们，都试图用各种行动去表现它。

一位小姑娘从朋友那里听到了这句话，立即许下三个心愿：一是粉刷教室的墙壁，让同学们第二天看到一个清爽漂亮的教室；二是把热食送到镇里穷人的餐桌上；三是把钱偷偷塞进一位老乞丐的钱包里。她说："仁慈更容易使人感觉到生活的美好。"

一位小伙子听了这句话，马上开始实践：他每周到福利院做一天义工；每天到隔壁的独身老太太家陪她说一会儿话；每月给慈善机构捐一次款。

一位老人听了这句话，觉得自己也应该做些什么。于是，她每天帮助楼下一对夫妇接送他们刚上幼儿园的孩子，原来那个孩子每天都要在学校等到很晚才能被接走。

一位商场接待员听了这句话，立刻改变了自己的服务态度，她决心对每个顾客都露出真诚的微笑，她觉得这也是她的一份善意。她发现，每次她微笑的时候，顾客的脸上就会同时露出快乐的表情。

因为这句话的力量，许多吝啬的人变得慷慨，许多冷漠的人变得热心，许多心存邪念的人开始变得善良。

如今，这句话已经在美国四处流传，它让所有的人都感到温暖，同时也感到一种责任和义务。

一个善举，只是一滴水，许许多多的善举就形成江河，汇成海洋。

一个善举，不过举手之劳，却是起于难得的一念！

责 任

无私承当的大义

HARVARD FAMILY INSTRUCTION

瑞恩的井

瑞恩是加拿大一个普通家庭的普通男孩。小瑞恩6岁读小学一年级时，老师给他们讲述了非洲人的生活状况：很多孩子没有玩具，没有足够的食物和药品，许多人甚至喝不上水，成千上万的人因为喝了不洁净的水而患病死去。

老师说："我们的每1分钱都可以帮助他们：1分钱可以买一枝铅笔，60分就够一个孩子两个月的药费开销，2元钱能买一条毯子，70元就可以帮他们挖一口井……"

瑞恩深感震惊，他想为非洲的孩子挖一口井。瑞恩的妈妈十分赞同他的想法，但她没有直接给儿子这笔钱。妈妈对瑞恩说："我们不能直接给你70元钱，你需要付出劳动，自己挣够这些钱。"妈妈告诉他，只要多干一些活，多承担一些家务，慢慢地积攒，到一定时候，就能够有这么多钱了。妈妈说："你必须用自己挣的钱帮助别人，否则就没有意义。"

于是，瑞恩开始承担正常家务之外的更多事情。哥哥和弟弟出去玩的时候，他在家打扫地毯，挣两块钱；全家人都去看电影，他留在家里擦玻璃，赚到第二个两块钱；他还要一大早爬起来帮爷爷捡松果；帮邻居收拾暴风雪后折断的树枝……

瑞恩坚持了4个月，终于攒够了70元，将它交给了相关的国际慈善组织。然而，工作人员告诉他："70元只够买一个水泵，挖一口井要2000元。"原来是老师弄错了。

小小年纪的瑞恩没有放弃，他仍旧继续努力。一年后，通过家人和朋友的帮助，他终于筹集了足够的钱，为乌干达的安格鲁小学捐建了一口水井。

事情至此并没有结束，因为还有更多的人喝不上干净的水，瑞恩决定攒钱买一台钻井机，以便更快地挖出更多的水井，让每一个非洲人都能喝上洁净的水。这个想法成了瑞恩的一个梦想，并且他真的坚持了下去。

瑞恩的故事被登在了报纸上。5 年后，当初一个 6 岁孩子的梦想竟变成了千百人的一项共同事业。2001 年 3 月，一个名为“瑞恩井”的基金会正式成立。如今，基金会已筹款近百万加元，为非洲国家建造了 300 多口井。这个普通的男孩，也被评为“北美洲十佳少年英雄”，被人称为“加拿大的灵魂”。他的行为将影响着越来越多的人去爱和帮助他人。

人生的价值，不是为自己做了什么，而为别人做了什么。

所有的成功，所有伟大事业的成就，无不源于一个最简单的起点：我能为世界做点什么？

大卫的选择

约翰和大卫徒步翻越一座雪山。出发不久，他们就遭遇了可怕的暴风雪。冰冷的雪片迷失了他们的双眼，凛冽的风如刀割般刺透了他们的肌骨。更为可怕的是，黑夜马上就要来临。约翰告诉大卫，如果不能在天黑之前赶到修道院，他们必将冻死在山路上。

两人艰难地转过一段悬崖，突然，崖下有个微弱的声音在呼救。约翰对大卫说："千万不能耽搁，不然，我们都将被冻死在风雪中。愿上帝保佑他！"大卫说："我不能让他死在这里。或许，上帝把我带到他的身边，就是要让我来帮助他。"

约翰继续在齐膝深的雪中艰难前行。大卫从悬崖上爬了下去。那位伤者奄奄一息，一条腿已经摔断，无法走路。大卫把身上的毛毯撕成布条，拧成绳子，将伤者绑在自己的背上。他一步一步，艰难地爬到崖上，顺着约翰留下的足迹继续赶路。

天已经完全黑了下来，风雪也越来越紧。大卫手脚并用，在深深的积雪中爬行。他很累，他想停下来休息一下。可他想：现在不是我一个人，我还背负着另外一个生命。

终于，在黑暗之中，大卫远远地看见了一缕灯光。他知道，修道院已经临近了。就在这时，大卫被什么东西给绊倒了。他扒开积雪，发现绊倒他的是已被冻死的约翰。

有人问大卫："生命中，最大的危险是什么？"大卫毫不犹豫地告诉他："生命中最大的危险，就是没有负担。"

人生最大的危险，往往不是负担过重，而恰恰是因为肩负的太少！

不真实的广告

美国俄州一家制药公司，开发了一种治疗十二指肠溃疡的新药，在一段时间的临床试验后，经过州食药局审核批准，可以推向市场。该公司准备选择州电视三台这一覆盖面最大的媒介来推广产品。

菲德勒尔是俄州知名度很高的影视演员，该公司通过菲德勒尔的经纪人邀请他为该药品代言，酬金为150万美元。如此高的报酬顿时令菲德勒尔怦然心动，他爽快地和制药公司签订了广告合同。

一个星期后，该广告在州电视三台黄金时段播出。菲德勒尔手持药盒，先是皱着眉心现身说法：3年前患上十二指肠溃疡，服用了很多相关药物，却不见效果。说到这里，菲德勒尔马上转忧为喜道：自从服用了这一药品，十二指肠溃疡很快痊愈了。这时候画外音响起：请相信菲德勒尔先生，他的推荐是不会错的。

这则电视广告播出后，州内外数以万计的十二指肠溃疡患者，纷纷到附近的医药连锁店购买这种药品。不到一月时间，药厂的销售额连续翻了几倍。

然而，事情的发展并没有想象中那样乐观，麻烦紧随而来。一位曾和菲德勒尔交往过5年的年轻女士打电话给州食药局，声称菲德勒尔在电视上撒了谎，因为他从未患过十二指肠溃疡病。州食药局立即联合警察署派员一同展开调查，他们首先调阅了菲德勒尔的病历档案，然后又询问了数十位熟悉菲德勒尔的人，他们都证明菲德勒尔根本没有患过十二指肠溃疡。

于是，州食药局和警察署“请”菲德勒尔到该制药公司销售部“说清楚”。面对调查人员咄咄逼人的眼光，菲德勒尔不得不承认，“自己犯了一个难以饶恕的、责任重大的错误”。随后在电视上公开向观众致歉，请求谅解。

不仅如此，菲德勒尔还将150万美元代言费上交给警察署，另被罚款5万美元，3年内被严禁参与拍摄任何媒介广告，而且，他的个人档案中将永远留下这一“污点”。与此同时，该制药公司也被罚款180万美元，该药品电视广告被封杀，理由是“让并非感同身受者代言，会误导同病的患者”。

好的品性是可贵的，对好品性的欣赏和肯定同样可贵。

把自己根本不知道的东西，以言之凿凿的方式推荐给大众，而这样做的唯一动机只是为了金钱！

也许这种药真的可以治愈十二指肠溃疡，但是，菲德勒尔的行为却同时会引发另一种疾病——可耻的、无药可医的道德溃疡。

最佳记者

杜美思大学毕业就去西部一家报社做实习记者。过去她一直对那些在纪实前线冲锋陷阵的无冕之王羡慕不已，可是等她到报社上班的时候，总编却让她为讣告专栏的编辑当助手，其实就是接听一个个逝者消息的电话。

一天下午，讣告专线的电话又响了。“你好，我……要发一个讣告。”对方口齿似乎不太清楚，杜美思拿出记录本和笔，机械地问：“请问逝者姓名?”做了两个月的讣告，她对这一套程序已经驾轻就熟。

“乔·布莱斯……”听着这个名字，杜美思有种异样的感觉，和其他发讣告的人不同，他的态度不是悲伤，也不是冷漠，而是一种说不出的迷惘和绝望。“死因?”她又问。“一氧化碳中毒。”“去世时间?”隔很久，对方才含糊不清地回答：“还不知道……也许就快了。”

瞬息之间，杜美思似乎猜到了什么，她仍然故作镇定地问：“请问您的姓名?”“乔……乔·布莱斯。”他的声音显得疲惫不堪。杜美思知道自己的判断是正确的，毒气已经开始起作用了。

虽然有思想准备，但杜美思的心还是狂跳不止。她一边向同事做手势，一边竭力保持冷静。一个编辑向这边走来，她示意他不要说话，在笔记本上颤抖地写下“这人要自杀”几个字。编辑马上会意，立刻抄下来电显示上的号码：“我马上报警。”

“我还需要一些信息，您愿意帮助我吗?”杜美思担心他昏过去了，希望不停的问话能让他保持力量，但乔的声音越来越难分辨。

杜美思闭上眼睛，想象自己坐在乔对面，集中精神听他说话。同事们安静而焦急地看着她。突然电话中一片死寂，杜美思攥紧拳头大喊：“乔，醒醒！我在听你说话！”

又过了难熬的几分钟，她听到了警笛声、救护车声、敲门声，接着是玻璃破碎的声音——看来是救援人员赶到了。

一个陌生的声音从电话里传来：“我是警察。谢谢你及时报警，病人没有生命危险。”杜美思兴奋地跳起来：“太好了！谢谢你！”顿时掌声、欢呼声从编辑部各个角落传来。

月末总结会上，总编宣布：当月的“最佳记者”是杜美思！杜美思瞪大眼睛看着总编，看着大家，她觉得太不可思议了。一个资深记者说：“你当之无愧。如果是我接电话，我也许不会注意到乔要自杀。”

“可我什么也没做，我只不过听他说话……”

总编微笑着拍了拍她的肩：“这是你记者生涯的第一课，这一课你及格了。”

在职责之外，还能多做点什么，这就是杜美思的难得之处。就因为她多做了一点事情，一个名叫乔·布莱斯的人意外获得新生。

几乎所有的责任都生死攸关。多一份责任，世界就少一份危险，少一份担忧。

海拉蒂的花

海拉蒂今年5岁了，在萨尔马多城上幼儿园，最近老师在给学生介绍有关植物方面的知识。海拉蒂迷上了植物，她觉得那些花草实在太美了，于是苦苦地哀求爸爸给她买一盆鲜花。

爸爸同意了海拉蒂的请求，但他告诉海拉蒂，鲜花和人一样，也需要照料，你想拥有它的美丽，你就要同时对它负责。爸爸问海拉蒂："你保证能照顾好它吗?"海拉蒂信誓旦旦地保证："我一定会好好照顾。"

周末，爸爸带着海拉蒂到花卉市场，为她买了一盆小花。父亲希望海拉蒂观察小花的生长过程，并且能够按时为它浇水施肥。

最初几天，海拉蒂非常兴奋，每天耐心地给小花浇水，还根据日照的情况，不断给花盆挪动位置，并拿出本子，歪歪扭扭地用只有她自己能够看懂的图标，记录着花卉生长的情况。

父亲对此十分满意。可是没过多久，父亲发现小海拉蒂给小花浇水的次数越来越少了，甚至好多天都不浇一次水，也不再做记录，似乎她已把养花的事给忘了。结果，小花慢慢枯萎了，叶子也开始泛黄。再过几天，这盆花就要枯死了。

吃过晚饭，父亲把海拉蒂叫到阳台，对她说："你给花浇水了吗?"

海拉蒂低着头说："没有，这几天忘了。"

"为什么没有?"

海拉蒂看着脚尖，无法回答父亲的追问。

“我们在买这盆花的时候，是怎么说的？由谁负责给这盆花浇水？”

“是我……”，海拉蒂胆怯地回答。

“你看，这盆花多么伤心！她失去了美丽的叶子，花蕾也不再开放，而这都是因为你不负责任的缘故。”

海拉蒂非常羞愧。以后的日子里，她每天坚持给花浇水，让它晒太阳，还记着隔一段时间给小花施一次肥。不久，这盆小花又恢复了以往的生机。

让孩子从小学会负责，就是父母最负责的表现。能够负责的人，才能自立自强，才能以天下为己任。

就从一朵花开始吧，为生命负责，是最高尚的责任。

35个紧急电话

一位名叫吉埃丝的美国记者，有一天来到日本东京旅游。她在奥达克余百货公司买了一台电唱机，准备作为礼物带回家送给母亲。

这是一台尚未启封的唱机。回到住处，当吉埃丝拆开包装时，才发现这台唱机没装内件，根本无法使用。吉埃丝火冒三丈，决定第二天一早就去百货公司交涉，同时她迅速写了一篇新闻稿，题目是“笑脸服务背后的真面目”，准备投寄到报社。

次日天刚亮，吉埃丝就被门铃声叫醒，起来一看，两个陌生人站在门外：一个是奥达克余百货公司的总经理，一个是商场客服部主管。他俩一见吉埃丝就俯首鞠躬，然后连声道歉。吉埃丝一时搞懵了，她弄不清楚百货公司是如何找到她的。

那位主管打开记事簿，讲述了事情的大致经过。昨日晚上清点商品时，主管人员发现售货小姐将一个空心的唱机货样卖出去了。总经理马上召集有关人员，一场大海捞针式的“寻找顾客”的战役开始了。

当时只有两条线索可供参考，顾客的签字和她留下的一张名片。百货公司马上拨打顾客的手机电话，结果是“无法接通”；再向东京的各大宾馆查询，回答是“查无此人”；于是他们打电话到美国吉埃丝就职的报社，找到了她最要好的女友，并通过她，得知了吉埃丝父母的电话号码；接着他们联系上吉埃丝的父母，由此得到她东京朋友家的电话号码；于是，通过东京的朋友，他们知道了她寄住的地址。这期间他们一共打了35个电话，直到凌晨才知道了吉埃丝的准确下落。

职员说完，总经理拿出一台完好无缺的唱机，外加一张唱片和一盒蛋糕一同奉上，并再次表示了歉意。吉埃丝万分感动，立即重写了一篇新闻稿，题目是：35个紧急电话。

一匹好马，即使在没有奔跑的时候，也会有出类拔萃的表现。

成败决定于细节，而所有的细节，都是用责任雕琢的美丽花纹。

怎样改变世界

人们可能会目击到很多触目惊心的环境灾难，但只有为数极少的人才会在心痛之后起而呼吁。2006年，英国广播公司女摄影师丽贝卡·霍斯金到夏威夷海域拍摄野生动物的纪录片时，看到数百只信天翁死在沙滩上。各种塑料器物的残片，塑料袋、玩具、哮喘器、圆珠笔、香烟过滤嘴、牙刷、梳子、饮料瓶盖，都从死亡的信天翁胃中暴露出来。这些美丽的鸟，显然是在吃了塑料残渣后窒息而死的。

更糟糕的场面接二连三：鲸、海豹、乌龟都死于塑料残片。凡是海洋上飘浮塑料颗粒集中的地方，海滩上必能见到动物成片死亡的惨状。在一个岛屿周围，丽贝卡看到好几千只刚孵化出的信天翁雏鸟，它们要么死亡，要么软弱地匍匐在沙滩。丽贝卡捧起一只活着的小鸟，它轻啄她的手指，很快就死亡了。那一刻，丽贝卡在气愤和哀伤中几乎崩溃。

回到英国故乡莫德博里镇，丽贝卡剪辑完纪录片，便展开“禁止塑料袋”的活动。一个月时间内，她和朋友一起向家乡人播放野生动物生存的实况录像，邀请小镇上43个零售商在酒吧一边看纪录片，一边商议禁止塑料袋的行动计划。6个月的时间，这个随手丢塑料袋的小镇向大自然少扔了50万个塑料袋。

莫德博里成了欧洲第一个全面禁止塑料袋的城镇，丽贝卡的勇气和行为很快在英国家喻户晓。英国绿色和平组织的负责人说：“丽贝卡在几个月内改变了英国人对塑料袋的态度，她把太平洋上的所见所闻和自己生活的国家联系起来，她是人类的英雄和自然的救星。”

丽贝卡用行动向人们证实：不要等待和依靠政府，只要公民自觉行动起来，就可产生巨大力量。成千上万的人向她写信致敬，80 多个城镇自愿加入“告别塑料袋”活动的行列。同时，伦敦的 33 个区宣布，他们将用立法的方式对付“塑料袋之害”。

英国首相布朗在发表他上任后的第一篇“绿色讲话”时表示，他将召集所有超市的高管开会，讨论如何消除塑料袋。“我相信我们能消除一次性使用的塑料袋，找到可持续使用的替代品”。没有人游说，也没有辩论，丽贝卡用行动说服了首相对塑料袋开战。布朗致信莫德博里镇的行政官员，他写道：“莫德博里的人应当为他们所表现的领导作用感到骄傲。”

丽贝卡很高兴，但她不想成为媒体宣传的对象。她热衷的仍是拍摄纪录片，在业余时间到海边拣垃圾，其中 2/3 是塑料垃圾。2007 年 11 月，1974 年出生、毕业于爱丁堡大学的丽贝卡，获得全英环境与媒体奖。

拾起一只塑料袋，难吗？

但是，当你看见它的时候，你做过什么？当你弯下腰的时候，你想过什么？

对于丽贝卡来说，每一次呼吁，都是一次关怀，每一次发现，都是一次心痛。

面对人类的灾难，你有没有过一次触目惊心的痛楚？有没有过一次泪流满面的悲伤？

女管家

美国经济学家葛尔布莱雇用了一位女管家，她不仅做事简明干练，为人也忠实可靠。

那年秋季，葛尔布莱在一些国家巡回讲学，演讲结束回到家之后，他觉得很累，想好好睡一觉。于是，他特意吩咐女管家，无论是谁来电话或者来访，都不要打扰他。

事也凑巧，就在葛尔布莱刚刚入睡的时候，电话响了。电话里传来了总统的声音："我是约翰逊，请帮我找一下葛尔布莱先生。"

女管家和气、委婉地说："总统先生，葛尔布莱先生刚刚从国外讲学回来，我暂时还不能叫醒他。"

听到这样的回答，约翰逊显得非常着急，加重了语气强调说："我有要紧的经济政策问题要同他商量，请您务必马上把他叫醒。"

女管家依然没有听从总统的命令，她进一步耐心地解释说："不，尊敬的总统先生，葛尔布莱先生方才特意嘱咐过，不接任何人的电话。我在替他工作，我必须为他负责，希望您能理解。不过请您放心，待他醒来之后，我一定将您打过电话的事及时转告他。我想，只有在他休息好之后，才能精力充沛地同您讨论经济政策问题，您说对吗？尊敬的总统先生？"

女管家说得有理有据，约翰逊心服口服。无可奈何之下，他只好挂了电话。

葛尔布莱起床之后立刻拜见了总统，并特意表示了真挚的歉意。

没想到约翰逊总统不仅没有责怪，而且还深有感触地对女管家大加赞赏，他半开玩笑地对葛尔布莱说："请转告您的女管家，如果她愿意，我要聘请她到白宫来工作，这里正需要像她那样忠于职守的人。"

葛尔布莱用经济学家特有的语言风趣地说："我不仅又一次感受到了女管家的忠诚尽责，而且再一次感受到了总统先生的知人善任。"

忠于职守并非难事，面对权威挑战，还能够坚定不移，才是难能可贵；昂首挺立并非难事，遭逢泰山压顶，还能够昂首挺立，才是难能可贵。

责任既是一种道德，也是一种品格。

成名的狗

邦德是一只平凡的法国猎犬。它为伯爵看护一座乡村别墅，过着平静而安逸的生活。

有一天，正当邦德感到百无聊赖时，突然发现一只老鼠愣头愣脑地跑到院子的草坪上来了。本来，抓捕老鼠应由鲍勃负责，但鲍勃是一只懒惰的猫，平常吃饱之后就睡大觉。邦德想，反正自己闲着，就替鲍勃捉一次老鼠吧。于是，它猛地冲了过去，一下子将那只老鼠咬死了。

伯爵发现邦德还能捉老鼠，觉得十分有趣。他高兴地对人说："我家的邦德不但能看家护院，而且还能捉老鼠，太有本事了。"

邦德会捕鼠的事迹迅速传开，它成了远近闻名的狗。伯爵的许多朋友都慕名而来，观看它的捕鼠绝技，大家都为邦德的高超本领所折服。有人向伯爵提出，要高价买走邦德。这个请求被伯爵拒绝了。

一天，伯爵到城里去了，夜里来了一个窃贼。邦德发现了，但它没有理睬。邦德想，自己已经是一条捕鼠名狗，如果再去干捉贼这样的小事，就与自己的身份不相称了。

那个窃贼也发现了邦德，开始他还怕邦德会扑上来，当发现它视而不见地躺在那里时，就放大胆子，取走伯爵家的很多值钱东西，然后扬长而去。

伯爵回到家，发现屋里一片狼藉，好多珍贵的宝物被偷走了。他十分痛心，于是便去找邦德算账。

当他看到邦德的时候，它正在聚精会神地盯着一个鼠洞，并发出得意的怪叫声。伯爵顿时大怒，拔出剑就刺向邦德。正在伯爵余怒未消的时候，鲍勃的鼾声从沙发上传来，于是伯爵又抽刀将鲍勃刺死了。

狗可以坐在电脑前，也可以把双手放在键盘上，但千万不要以为，自己因此就成了电脑工程师。

忘记自己的职责，是一件多么可怕的事情呀！玩忽职守，越俎代庖，都不是为人的本分——即使为狗为猫也不得如此！

“诺曼底”号遇难记

1870年3月17日夜晚，“诺曼底”号行走在从南安普敦到格西恩岛的航线上。大海夜色正浓，四周一片漆黑。哈尔威船长站在舰桥上，小心翼翼地驾驶着他的大船。此刻，乘客们都进入了甜甜的梦乡。

突然，沉沉夜雾中冒出一个黑点，紧接着，只见一个阴森森翘起的船头，穿破黑暗，在一片浪花中飞驶过来。那是“玛丽”号货轮，一艘装有螺旋推进器的大轮船。它从敖德萨起航，船上载着五百吨小麦。它的行驶速度如此之快，“诺曼底”号已经没有任何办法避开它了。

“诺曼底”号的船身被撞开一个大洞，由于这一撞击，“玛丽”号自己也受了伤，终于停了下来。

“诺曼底”号上有28名船员，1名女服务员，31名乘客，其中12名是妇女。一刹那间，男人、女人、小孩，所有的人都奔到甲板上。人们半裸着身子，奔跑着，尖叫着，哭泣着，惊恐万状。海水哗哗地喷进船舱，汹涌湍急，势不可挡。

哈尔威船长站在指挥台上，大声吼道：“全体安静，注意听令！把救生艇放下去。妇女小孩先走，其他乘客跟上，船员断后。必须把60人全部救出去。”实际上一共61人，他把自己忘了。

船员赶紧解开救生艇的绳索。大家一窝蜂拥了上去，你推我搡，险些把小艇都弄翻了。奥克勒福大副和三名二副拼命维持秩序，但整个人群因为猝然而至的变故简直都疯了。

黑暗中人们听到一段简短有力的对话：“洛克机械师在哪儿?!”“船长叫我吗?”“炉子怎么样了?”“被海水淹了。”“火呢?”“灭了。”“机器怎么样?”“停了。”

船长喊了一声：“奥克勒福大副!”大副回答：“到!”船长问道：“还有多少分钟?”“20分钟。”“够了，”船长说，“让每个人都到小艇上去。奥克勒福大副，你的手枪在吗?”“在，船长。”“哪个男人胆敢抢在女人和孩子前面，你就开枪打死他!”

大家立时不出声了。没有一个人违抗他的意志，人们感到有一个伟大的灵魂出现在他们上空。“玛丽”号也放下救生艇，赶来搭救遇难人员。

救援工作进行得井然有序，几乎没有发生什么争执或殴斗。哈尔威船长巍然屹立在他的岗位上，指挥着，主宰着，领导着。他镇定自若，仿佛他不是给人而是在给灾难下达命令。

人们尽力加快速度划着小艇，在“诺曼底”号和“玛丽”号之间来回穿梭。“快干!”船长又叫道。他站立在舰桥上，一个手势也没有，一句多余的话也没说，犹如铁铸，纹丝不动。

轮船慢慢坠入水底，人们透过阴惨惨的薄雾，凝视着这尊黑色的雕像徐徐沉进大海。

危难降临的时候，哈尔威船长没有逃避，也没有惊惧，他只是镇静地站立在船头，看着所有的人从死神的手里平安脱险。

让灾难沉没，让生命继续航行，这就是责任的力量。

神甫

当所有的好愿都能得到保证，所有的期盼都能得到兑现，那么，这个世界还有什么值得担忧？还有什么需要恐惧？

只是，谁会站出来为此担当？

神甫在奥斯维辛集中营工作，他的职责是为死者祷告。

集中营规定，当人们外出劳动时，出去多少必须回来多少。少一个，就在回来的人中任意处决一个作为惩罚。

一天，少回来三个，那么就得处决三个无辜的人。

轮到第三个人的时候，他说，我有妻子，还有五个孩子，杀死我一个人，就等于杀死七个人——请求你们放过我吧！

德军不同意。

这个人跪到神甫脚下，吻着十字架，一边哭，一边祈祷。

沉默片刻，神甫对德军说：让我代替他吧。

于是，德军枪杀了神甫。

1982 年，这个神甫被教皇追认为圣者。

他的名字叫科罗伯。

多年后，人们在一份资料中看到这样的纪录——

神甫对德军说：让我代替他吧。

德国兵问：你为什么要这样？

神甫回答：我是神甫，我不能眼看着一个人的祈祷落空。

一只花盆

1920年的一天，伊利诺伊州一位9岁的小男孩正与他的伙伴们玩足球，突然他用力飞起一脚，将足球踢到邻近一户人家的窗台，正好砸在一只花盆上，花盆顿时落在地上摔碎了。

住在房子里的是一位慈祥老人，他想：这个冒失鬼肯定会来认错的。可是等了很久，没有一个人来和他打招呼。老人转而又想，也许晚上孩子的父母会亲自登门赔礼道歉。然而他想错了，晚上也没有人来向他认错。

第二天一大早，一个小男孩在出租车司机的帮助下，送来了一只花盆。小家伙彬彬有礼地说："先生，对不起。昨天我不留神打碎了您家的花盆，因为当时商店已经关门了，所以没能及时赔偿。今天商店一开门，我就去买了这只花盆，请您收下它，也希望您能够原谅我的过失。这种事情再也不会发生了，请您相信我。"

老人不仅原谅了这个通情达理的孩子，还款待他吃了早点，并送他一袋饼干。

原以为事情就这样结束了。出人意料的是，当孩子拿着那袋饼干回家之后，他的父母却找到了老人。他们将那袋还没有开封的饼干还给了老人，并且解释了不能接受的理由：一个孩子在做了错事的时候，是不应该得到奖励的。

原来就在头天晚上，当闯了祸的小男孩回家将事情的经过告诉父亲后，父亲没有因为他年龄还小原谅他，而是沉着脸一言不发。过了很久，父亲才严肃地说道："家里虽然有钱，但是我不能帮你解决这个问题。你自己犯了错，就应该自己对过失行为负责。"停了一下，父亲还是掏出了钱，对小男孩说，"这些钱暂时借给你，要赔人家一只像样的花盆。不过，你必须设法把钱还给我。"

这以后，小男孩一边读书，一边用空闲时间打工挣钱。由于他人小，不能干重活，就到街区送报纸，早晨为附近的邻居送牛奶，周末为别人修剪草坪……经过几个月的努力，他终于挣够了买花盆的钱，并自豪地交给了他的父亲。父亲欣然拍着他的肩膀说："一个能为自己的过失负责的人，将来一定是会有出息的。"

许多年以后，这位男孩成为美利坚合众国的第 40 任总统，他的名字叫罗纳德·威尔逊·里根。

当罗纳德·威尔逊·里根终于站在白宫门口的时候，他一定不会忘记几十年前的早晨站在邻居门口的情景，因为，那里才是他走向总统宝座的起点。那一天，他是为一只花盆负责，现在，他要为美利坚合众国负责！

生存

永不妥协的征服

HARVARD FAMILY INSTRUCTION

乞丐也要努力

在纽约世贸大厦地铁站，有两个乞丐十分引人注目。

其中一个穿着破烂的衣衫，拖着一条残腿，脸上经常露出无助的可怜相。他一踏进车厢，就从背包里掏出一根萨克斯管，开始吹奏《回家》。他吹得一点都不流畅，而且一面演奏，一面看着别人掏钱的动作。通常一曲还没有吹完，他就会跳下去，进入另一节车厢。

开始，人们还带着同情的心不时给他一些钱，久而久之，大家就不再像过去那样对他热心了。因为人们几乎厌倦了同样的一支曲子，也厌倦了他那副让人沮丧的表情和敷衍了事的态度。

但是，就在这个地铁口，还有另外一个乞丐。他也是一个肢体残疾的男人，不同的是，他穿着很整洁，虽然同样破旧。他的脸上始终挂着一丝不易察觉的微笑，每天都会变换一种乐器，曲目也经常更新。有时弹奏他的旧吉他，有时拉起他那已经退色的小提琴。天气晴朗的时候，他会演奏一段欢快的曲子，天气阴霾的时候，他的曲子则变得低沉婉转。

经常有不少人专门停下脚步倾听他的演奏，当别人给钱的时候，他的脸上会露出真诚的感激。他脚下的盒子里每天都会有很多的零钱。

有一次，一个路人忍不住问他："你这样每天变换乐器和曲目难道不累吗？"他停下来，认真地说："如果不这样，日子会很难过。其实，乞丐也要努力。"

优秀的人才靠的是努力，优秀的事业靠的是努力，优秀的国家靠的是努力，"优秀"的乞丐同样也需要努力。

如果希望天空落下馅饼，你首先必须用力把它抛上去。

蚂蚁和蝈蝈

夏天到了，火辣辣的太阳把大地烤得像块滚烫的铁板。小路边，一大群蚂蚁正在家门外来回搬运食物，他们忙个不停，搬来搬去，累得满头大汗。

阴凉的树下，有几只蝈蝈在那儿欢快地唱着歌，跳着舞。有只蝈蝈看着那一大群辛苦的蚂蚁，觉得他们太傻了。

这只蝈蝈走上去问蚂蚁："蚂蚁兄弟，这么热的天，你们都不在树下乘凉，却急急忙忙地跑来跑去，这是为什么？"

蚂蚁回答说："我们这么急急忙忙，是在准备冬天吃的粮食呀！"蝈蝈觉得很奇怪："粮食？这儿遍地都是粮食，还值得你们搬吗？我饿了只要吃点青草，渴了喝点露水。这样不是也过得很好吗？再说，冬天还早着啦，何必现在动手呢？你们真是太傻了。"

蚂蚁恼怒了，它对蝈蝈说："到了冬天再来找食物，可就晚了。你现在贪玩不劳动，到了冬天你就等着挨饿吧！"说完，蚂蚁又背起食物，急急忙忙地回家了。而蝈蝈呢？继续在路边上兴奋地跳着舞，唱着歌。

就这样，一天一天过去了，炎热的夏天走了，丰收的秋天也过去了。蝈蝈总是说："还早着呢！还早着呢！"

寒冷的冬天来了。小草枯黄了，树叶落尽了，蝈蝈再也找不着可以吃的东西了。

一阵寒风吹来，蝈蝈打了个哆嗦，缩成了一团，心想：还是到蚂蚁兄弟家要一点东西吃吧！

蝈蝈在冰天雪地里挣扎着，好不容易来到了蚂蚁的家门口，“砰砰砰”，它敲响了蚂蚁家的房门。

小蚂蚁开了门，蝈蝈哀求说：“蚂蚁兄弟，请求你给我一点吃的吧，我快饿死了。”

蚂蚁看了它一眼：“你怎么不准备过冬的粮食呢？”

“我光顾跳舞唱歌去了，把这些事都忘了。”

蚂蚁把蝈蝈堵在门口，鄙夷地说：“你现在还可以去跳舞、唱歌呀！告诉你，不劳动的人，是得不到食物的。”说完，蚂蚁“砰”的一声把门关上了。

读完这个故事，有没有人对蚂蚁心怀指责？也许，我们希望的结局应该这样：……蚂蚁把蝈蝈让进屋里，让它美美地吃了一顿，临走还送给了它足够过冬的粮食……

记住，生活不是童话，没有耕耘就不会有收获，也不配享受收获的果实。依靠仁慈的施舍，只能把自己变成乞丐。

创造力测试

吉尔福特是一名心理学家，“二战”期间曾被派去设计一套性格测试题，这些试题专门用于挑选最佳轰炸机飞行员。但令他恼火的是，空军委派了一名没有任何专业知识的退役空军飞行员帮助他进行测试筛选工作。但吉尔福特并不信任他。

最终，吉尔福特与退役飞行员各自挑选了不同的候选人。在随后的工作评审中，他们遇到非常奇怪的现象：吉尔福特挑选的飞行员与退役飞行员挑选的人相比，战斗中被击落毙命的人数多出许多倍。吉尔福特沮丧不已，以致他难堪得几乎想要自杀。但他没有那样做，他决心找出退役飞行员的奥秘所在。

这位退役飞行员说，他没有按照吉尔福特设计的问题进行测试，他问的问题是：“你在遭遇德军防空部队炮火时会怎么办?”他淘汰了所有回答“我会飞得更高”的候选人，而挑选了违反飞行条例准则的那些人，例如那些回答“我不知道，可能我会俯冲”，或者“我会‘之’字形前进”，或者“我会转圈，掉头避开火力”的人……

他还说，遵循飞行条例准则的飞行员都是可被预测的人，这就是吉尔福特失败的原因。因为德国人清楚美国飞机遭遇炮火后会飞得更高，因而他们的战斗机会停留在云端，随时将美国飞机击落。而那些不遵循规则的人，更容易幸存下来。

吉尔福特突然意识到，具有与众不同的思维和创造力才是真正的才华，因此他决定进一步去研究这种才华。随后他为空军设计了新的测试题，其中一道题是：你能想到一块砖有多少种用途吗？请在 15 分钟内说出 50 种用途。有些人不费吹灰之力就想出了砖的无数种用途，速度之快不容你一一记下，但另外一些人却在沉思了数分钟之后，仅仅能说出四五种用途。

后来很多人把吉尔福特奉为现代创造力之父。他说："思考砖的用途，不会给一个人带来实际利益，但它可以延伸我们的力量。"

大人总喜欢用自己的方式要求孩子，但孩子却有自己独特的想法，有些甚至更为高明。

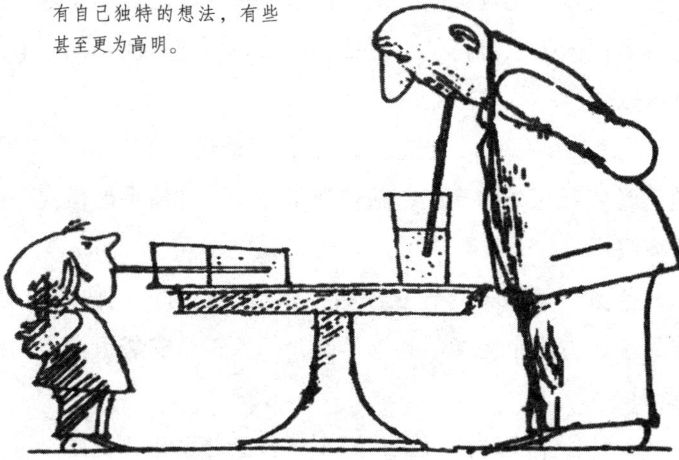

创造就是一种独特的行为方式。如果你不知道自己到底能做什么，那就想一想你脚下的砖块能做什么吧。知道一块砖有多少种用途，你就一定会知道自己有多少种用途。

当人迷失自己的时候，可以通过认识世界找回自我。

每人都有一根指挥棒

美国著名音乐指挥家、作曲家沃尔特·达姆罗施 20 多岁就当上了乐队指挥，很多人都对他充满崇敬。指挥是乐队的灵魂，沃尔特自己也对此感到非常自豪。

起初，沃尔特常常处在一种莫名的兴奋之中，以为自己就是盖世天才，以为自己是无可替代的大师。

有一天他来到排练厅，发现自己把指挥棒忘在了家里。正当他准备派人去取时，秘书说："没关系，向乐队其他人借一支就可以了。"

沃尔特顿时一愣，心想：除了我，谁还可能带指挥棒呢！但他还是依照秘书的建议，随便问了一句："有谁能借我一根指挥棒吗？"

没想到，话音未落，三根指挥棒已经同时递到他的面前。大提琴手、首席小提琴手和钢琴师，每人都从衣袋里掏出一根指挥棒！

沃尔特一下子清醒过来，原来，自己并不是什么必不可少的人物，不是不可替代的大师！很多人都在暗中努力，时刻准备取代他的位置。

从此以后，沃尔特再也不沾沾自喜，每当自己想偷懒的时候，每当自己飘飘然的时候，就会看到三根指挥棒在眼前晃动。

不要以为，指挥棒在你手里，命运就在你的手里。别人也有一根同样的指挥棒，他也握着你的命运。

用尽所有的办法

一个小男孩在他的玩具沙箱里玩耍，沙箱里有他的玩具小汽车、敞篷货车、塑料水桶和塑料铲子。

当小男孩在松软的沙堆上修筑“公路”和“隧道”的时候，突然间碰到了一块石头，阻挡了他的“工程”进展。于是，小男孩开始挖掘石头周围的沙子，企图把它从沙堆中弄出来。虽然石头并不算大，可是，对于一个小男孩来说已经相当沉重了。小男孩手脚并用，费了很大力气，终于把大石头挪到了沙箱的边缘。不过，他发现自己根本没有力气把大石头搬出沙箱。

但是，小男孩下定决心要把大石头搬出去，于是他用手推，用肩拱……他一次又一次地努力，可是，每当刚刚有一点进展的时候，大石头又滚回原处。最后一次努力失败后，大石头滚回来砸伤了他的手指头。

终于，小男孩再也忍不住了，他大声哭起来。其实，这件事的整个过程都被他的父亲透过起居室的窗户看得一清二楚。就在小男孩哭泣的时候，父亲忽然出现在他的面前。父亲温和地说：“儿子，你为什么不用尽所有方法来解决这个困难？”小男孩十分委屈地擦着眼泪说：“但是，我已经用尽所有的办法了。”

“不对，儿子。”父亲亲切地说，“你并没有用尽所有的办法。你为什么不来请求我的帮助？”说完，父亲弯下腰，抱起那块大石头，轻松地把它搬出了沙箱。

人生有时像一个脑筋急转弯，像哥伦布手里的鸡蛋。你感到一筹莫展的时候，也许正好是柳暗花明的前兆。

生活有这样一条定律：假如你认定这就是最后的结局，那一定还有另外一个！

第三次机会

有一个年轻人，想娶农场主漂亮的女儿为妻。于是，他来到农场主家里求婚。

农场主仔细打量了他了一番，说道："我的农场里关着50头公牛，我连续放出3头，如果你能够抓住其中任何一头公牛的尾巴，你就可以娶我的女儿。"

于是，他们来到了农场。年轻人站在那里焦急地等待着农场主放出的第一头公牛。

不一会儿，牛栏的门被打开了，一头公牛向年轻人直冲过来。这是他一生来见过的最大、最丑陋的公牛。他想，下一头也许比这一头可爱吧。于是他放过了这头公牛。

牛栏的门再次打开，第二头公牛冲了出来。然而，这一头公牛不但体形壮硕，而且异常凶猛。

"哦，真是太可怕了。无论下头公牛是什么样子的，总会比这头好吧。"于是，他连忙躲到栅栏的后面，让过了这头牛。

不一会儿，牛栏的门第三次打开了。当年轻人看到这头公牛的时候，脸上立刻绽开了笑容。这头公牛不仅体形短小，而且还非常瘦弱，这正是他想要抓的那种公牛！

当这头公牛向他跑来的时候，他看准时机，猛地一跃就跳到它的身后。他高兴地伸出手，要去抓住牛尾巴，可是，这头看似孱弱的小牛还是跑了。

原来，这头牛竟然没有尾巴！

机会青睐有准备的人，偏爱行动果决的人，机会只扑向认识它的人！

抓住机会的尾巴——在它还有尾巴的时候。

心安草

一天清晨，烦恼的国王独自一人在花园中散步，他突然发现所有的花草树木都枯萎了。国王诧异地问一棵橡树，大家究竟遇到了什么麻烦。

原来，橡树觉得自己不像松树那样挺拔俊秀，所以开始消极厌世；松树则憎恶自己不能像葡萄藤那样硕果累累，觉得生活没有意义；而葡萄藤也很烦恼，因为它终年匍匐在地上，不能昂首挺胸地生活，而且无法像桃树那样能开出鲜艳的花朵；桃树也病倒了，因为它嫌自己没有玫瑰那样浪漫迷人……

只剩下一株心安草一如既往地吐露着芬芳，国王见状奇怪地对它说："当别的花草树木都对自己气馁的时候，只有你还这样勇敢地生活着。你为什么能够这样快乐呢?"

"是啊，我很快乐，因为我知道，如果是一棵树，那就应该活出树的样子；如果是一朵花，就要像花那样成长；我是一株心安草，我只想做一株像样的草，这就是我的期望。而且，作为一株小草，我同样享受这么好的季节，同样拥有阳光雨露，难道这还不足以让我快乐吗?"

很久以来，国王一直处在痛苦之中——宫廷充满斗争，大臣尔虞我诈，边关战事连连……他觉得当国王还不如当平民百姓舒心自在。

很多人不是在追求幸福，而是在拼命追求比别人幸福——人类的悲剧就这样诞生了。

心安草的话使他幡然醒悟，于是，他知道自己应该做什么了——他高高兴兴地回到了王宫，开始治理自己的国家。

黑色波浪中的歌声

1920年10月，一个漆黑的夜晚，在英国斯特兰腊尔西岸的布里斯托尔湾的洋面上，发生了一起船只相撞事件。一艘名叫“洛瓦号”的小汽船跟一艘比它大十多倍的航班船相撞后沉没了。

艾利森国际保险公司的督察官弗朗哥·马金纳从下沉的船身中被抛了出来，他在黑色的波浪中挣扎着。救生船这会儿为什么还不来？他觉得自己已经气息奄奄了。渐渐地，附近的呼救声、哭喊声低了下来，似乎所有的生命全被浪头吞没，死一般的沉寂在周围扩散开去。

就在这令人毛骨悚然的寂静中，突然——完全出人意料，传来了一阵优美的歌声。那是一个女人的声音，歌曲丝毫也没有走调，而且也不带一点儿恐惧。歌唱者简直像面对着客厅里众多的来宾在进行表演一样。

马金纳静下心来倾听着，一会儿就听得入了神。教堂里的赞美诗从没有这么高雅，大声乐家的独唱也从没有这般优美。寒冷、疲劳刹那间不知去向，美好的心境完全复苏了。他循着歌声，朝那个方向游去。

靠近一看，那儿浮着一根很大的圆木头，可能是汽船下沉的时候漂出来的。几个女人正抱住它，唱歌的人就在其中，她是个很年轻的姑娘。大浪劈头盖脸地打下来，她却仍然镇定自若地唱着。在等待救生船到来的时候，为了让其他妇女不丧失力气，为了使她们不致因寒冷和失神而放开那根圆木头，她用自己的歌声给大家增添勇气和力量。

就像马金纳借助姑娘的歌声游靠过去一样，一艘小艇也以那优美的歌声为导航，终于穿过黑暗驶了过来。于是，马金纳、那唱歌的姑娘和其余的妇女都被救了上来。

如果我们身处黑暗之中，
就设法为自己造一轮太阳。

每个人的生命中都会经历或长或短的“黑暗”，有的人在黑暗中沉没，有的人在黑暗中哭泣，有的人在黑暗中忧伤。

谁能在黑暗中歌唱，谁就会找到彼岸，因为你的歌声能够为你导航。

大漠里的甲壳虫

有一种很小的甲壳虫，它们竟然能在没有水的茫茫大漠一代一代生存繁衍。在那种根本不容生命存在的地方，它们靠什么活着？

每天清晨，它们早早就起来，一只接一只地从沙丘底部的家爬上来，在沙丘顶上列成队，一大排地立起身子，把它们光滑的背甲对着同一个方向。

在太阳还没有升起的时候，会有一阵阵清风从一个方向吹来，拂过沙丘的表面，拂过小虫的身体。风缓缓地、软软地、悄悄地来，小虫长时间地一动不动，于是清风在它们的背甲上也悄悄地凝起了一粒粒的小水珠，这是晨风带来的仅有的一点湿润。

水珠越聚越大，它们相互融合，终于成了一颗水滴。水滴从小虫的背上流下来，流过它的脖子、脑袋、鼻子，最后，流到它们的嘴边，成了小甲壳虫一天赖以维系生命的甘露。

这是一次“有组织有预谋”的求水活动，它发生在一种极其渺小、极其卑微的小生命身上，它们每天都要重复着这样的劳作，靠这一滴小水珠一次次地将自己的生命托起！

造物主给每一种生命都开辟了一条通往未来的路，只不过，有一些路很宽敞、很平坦，有一些看起来比较崎岖、艰辛。但是，只要你肯努力，只要不气馁，一样能享受到生命的喜悦。

为了一滴水，静静地在沙丘上立起，等待——在那样的时候，我们会做什么？

吉布斯医生的树

吉布斯医生看起来一点也不像医生的样子。他穿着粗斜纹棉布的工作裤，戴一顶草帽，草帽的前沿是一副绿色的塑料太阳镜。吉布斯医生总是笑，笑容与他的草帽很配——满是褶子，饱经风霜。

孩子们都爱在吉布斯医生家的院子里玩，因为他从来都不会对他们大喊大叫。吉布斯医生不治病救人的时候就种树。他的家占地 10 英亩，他一生的目标就是把这块地变成森林。

善良的吉布斯医生对种植有他一套独特而有意思的理论。他深信“没有痛苦，就没有成功”，他从不给他的树浇水，公然违抗传统常识。有人问他为什么，吉布斯医生说，给植物浇水会宠坏它们，它们的后代只会越来越虚弱，所以你应该让它们周围的环境变得艰难一些，那些过于柔弱的树苗要趁早锄掉。

他继续解释说，浇水只会让植物的根变浅，不浇水的树根会向深处生长，自己寻找地底深处的水分。

所以吉布斯医生从不给他的树浇水。他种过一棵橡树，却从不像其他人那样每天清晨给橡树灌溉，相反，吉布斯医生总是拿一张卷起来的报纸去打它——“噼”“啪”“乓”！问他为什么要这样做，他说这样做是为了吸引树的注意。

几年后，吉布斯医生去世了。现在如果你经过他的房子，会看见他 25 年前种下的树。这些树，现在跟花岗岩一般强壮坚硬，硕大无比，郁郁葱葱。

很多人也会种一些树，整个夏天他们都殷勤地浇水，为它们祈祷。可是娇生惯养的结果是让它们更加弱不禁风，冷风袭来，它们就会颤抖着摇摆不止。反倒是吉布斯医生的那些在困境和匮乏中长大的树，却获得了舒适和安逸无法赋予的滋养。

父母亲每晚上床睡觉前，都会去看看自己的孩子。当站在他们身旁，看着他们小小的身体均匀地吸入生命，又呼出生命，就会在心里为他们祈祷，祈祷他们的一生一帆风顺。“主，请免去他们的艰难和困苦吧。”其实父母要改一改祈祷的内容，因为孩子终归是要遭遇困难的，无论在哪儿，都会有冷风袭来。

生活本是艰难的，不管我们愿不愿意。父母应该祝福孩子们，要他们能够顶住风雨的吹打，熬过艰苦环境的考验，让他们的根往深处蔓延，这样他们才能从生命的深处获取力量。

阳光、风雨、严寒、酷热，对孩子来说，一样都不能少。

世间有太多的父母，他们总是在折断了孩子的翅膀之后，又企盼着他们凌空翱翔。

溺爱是一把锋利的剪刀，它可能就握在你的手里。

增长你的线

赫桑刚开始在埃德·帕克武馆里接受训练。因为他的技术不好，对手总是战胜他。

有一天，帕克再次让赫桑和对手比赛，为了弥补自己的不足，赫桑在中途几次试图使诈，想轻易得分。但结果还是被远远地超过了。

帕克看着赫桑连连挨打，也看见了赫桑取巧弄诈，但他没有说话。训练结束后，赫桑很沮丧，帕克把他叫到办公室。

帕克让赫桑坐下来，然后问他："你为什么不高兴?"

"因为我赢不了他。"赫桑如实地说。

"但是，你为什么要使用一些违规的动作妨碍他?"

"我只是希望让他多些失误，这样我就可以胜过他。"赫桑红着脸说。

帕克从桌子后面站起来，拿了一支粉笔，在地上画了一条约2英尺长的线。"你看，怎么才能把这条线变短?"帕克问道。

赫桑端详了一阵，给了几个答案，包括"把线擦掉一截"，"把线裁成几段"……但帕克一律都是摇头。

最后，帕克拿起粉笔，又画了一条线，这条线比上面一条长了很多。

"现在你看看，上面那条线怎么样了?"

"变短了。"赫桑疑惑地说。

帕克点点头说："增长你自己的线，别人的就变短了。"

让别人变成老鼠，自己也成不了狮子。

挨打得出的道理

乔治·巴顿上小学二年级的时候，一次在回家的路上和一个高年级的同学打了一架，后来他对此进行了反省，并把那次挨打的心得写在日记本上：

打我的那小子看上去像个瘦猴，不过，我很快便明白，他年龄比我大，力气也比我大得多。对我来说，从一开始我就犯了错误，而且值得一生记取。

首先，是我不对。当时，那孩子只是对我说了句什么，而我却粗鲁地把他给顶了回去，我的反击既毫无根据，也缺少应有的礼貌。因此，我受到了应得的惩罚。

第二，如果当时站在我面前的是一个人高马大的壮汉，也许我就不会对他那样放肆无礼，而这孩子起初看上去似乎瘦骨嶙峋弱不禁风。当我吃了苦头后才知道，不论对谁，首先都应当尊重。

第三，我终于明白，在任何情况下，不管我对错与否，如要进行还击，自己首先必须是强者。而那个孩子，根本就没给我任何还击的希望。

第四，我应该时刻做好准备，一旦遭受欺负，瞬间就进行回击。瞬间！

第五，不到万不得已，决不要轻易卷入什么冲突。但如果有什么情况发生，如果你不得不采取行动，就应该破釜沉舟，必须战斗到底，永不妥协。

此后，我还得出另外一条准则：如果你不准备动武，你就不要拿起武器，不可以随意恫吓人。假定你同谁发生了冲突，但在你决定“我现在就打倒他”之前，千万不要操起武器。换句话说，不打则已，打则必胜！

在一生征战中，巴顿将军经常想起小时候和人打架的事情，其中的很多道理，成为他指挥战争的理念。

好的父母，不是等候着孩子长大，而是陪伴着他们长大。

生活就是一场战争，战争从来不存在侥幸和幻想，你的实力、你的智慧、你的胆识——缺一不可。

巴顿告诉我们，挑战的方式有两种：战和不战。谁说不战就不是胜利？

无鳔的鲨鱼

上帝造了一群鱼。这些鱼种类多样，大小各异。为了让它们具有生存的本领，上帝把它们的身体全都做成流线型，而且十分光滑，这样游动起来可以大大减少水的阻力。上帝还给每种鱼安上一个短而有力的鳍，使它们在大海中能自由自在地游动。

待上帝把这些鱼放到大海中的时候，忽然想起了一个问题：鱼的身体比重大于水，这样，鱼一旦停下来，就会向海底沉下去，沉到一定深度，就会被水的压力压死。于是，上帝赶紧找到这些鱼，又给它们装上一个部件，那就是鱼鳔。鱼鳔是一个可以自己控制的气囊，鱼可以用增大或缩小气囊的办法，来调节沉浮，这样，鱼在海里不但能随意沉浮，还可以停在某地静止休息。鱼鳔对于鱼来讲，实在是太有用了。

上帝给所有的鱼都装上了鳔，唯独没有找到鲨鱼。鲨鱼是个调皮的家伙，一入海便消失得无影无踪。上帝想，这也许是天意吧，既然找不到鲨鱼，那么只好由它自生自灭。上帝很难过，对于鲨鱼来讲，这实在是太不公平了，它会由于缺少鳔，很快沦为海洋中的弱者，最后被淘汰。

亿万年之后，上帝想起他放到海中的那群鱼，想看看它们现在到底生活得如何。他尤其想知道，当初没有鱼鳔的鲨鱼如今怎么样了，是否已经被别的鱼吃光了。

当它将海里的鱼家族都找来的时候，他已经分不清哪些是当初的大鱼、小鱼和白鱼、黑鱼了，因为经过亿万年的变化，所有的鱼都变了模样，连当初的影子都找不到了。

面对千姿百态大小各异的鱼群，上帝问：“谁是当初的鲨鱼？”这时，一群威猛强壮、神气活现的鱼游上前来，它们就是海中的霸王——鲨鱼。上帝十分惊讶，心想，这怎么可能呢？当初，只有鲨鱼没有鱼鳔，它要比别的鱼多承担多少压力和风险啊！可现在看来，鲨鱼无疑是鱼类的佼佼者，这到底是怎么回事呢？上帝百思不得其解。

鲨鱼说：“我们没有鱼鳔，就无时无刻不面对压力，因为没有鱼鳔，我们就一刻也不能停止游动，否则我们就会沉入海底，死无葬身之地。所以，亿万年来，我们从未停止过游动，没有停止过抗争，游动和抗争成了我们的生存方式。因此，我们自然练就了最强壮的躯体。正是因为没有鱼鳔，我们才成了海中的霸王。”

听了这些话，上帝恍然大悟。

灾难就如那无边的海水，它可以覆舟，也可以载舟。

“无鳔”几乎是鲨鱼的先天性“灾难”，但对于鲨鱼来说，灾难最终成了它生命的财富，成了它无穷力量的源泉！

“鳔”成就了众鱼，而“无鳔”却造就了鲨鱼——它成了大海之王。

极夜的故事

一支探险队，由于没来得及离开，他们被留在了南极，留在了极夜。虽说有足够的食物与生活必需品，可整整一个多月，这里将只有黑夜没有白昼，冰天雪地，生灵绝迹，与世隔绝——这些人，在这样的环境里能挨得过去吗？

果然，两个星期还没过完，寂寞与枯燥终于让他们难以忍受了，大家一个个焦躁得快要崩溃。有一天，一个人当着大家的面割腕自杀了；几天之后，另一个人突然狂奔到旷野之外，消失得无影无踪。

面对这一切，有一个人疯了。他那抑郁的状态十分可怕，不吃不喝，整个人像南极的冰原一样封冻死寂。大家着急地围着他劝慰，你一言我一语。忽然大家发现，只要有人对他讲话，他的症状就会缓解，要是有人讲一个好听的故事，他的表情就明显地生动起来。

于是队友们规定，每人一天，轮流为病人讲故事，没轮到的日子，就自个儿去编故事。为了帮助同伴摆脱困厄，每个人都发挥了有生以来最大的想象力，那些故事非常精彩，而且，充满了异想天开的趣味。

接下去的事情就很容易想象了。在那么多美丽故事的治疗下，病人逐渐好转，他终于在同伴的帮助下，熬过了漫长的极夜。

这个感人的故事是后来一名探险队员讲出来的，他就是那个病人。其实他没有病，他是一个急中生智的心理医生。当他看见其他人精神快要崩溃的时候，自己率先“崩溃”了。因此，他挽救了所有的人。

生活不仅需要勇敢，有时候需要“懦弱”，但这种懦弱不是真的胆怯，而是一种超然的智慧。

把自己变成弱者，以唤醒别人的坚强，让别人成为拯救的角色，这就是那个“疯子”的全部用意。

能示弱者，最强。

神奇的格言

保险推销员甘道夫，年轻时拜访过一位很有名气的出版商。在他家里，甘道夫看到许多徽章及奖杯。于是，甘道夫问他：

“为什么您能得到这么多徽章和奖杯?”

“因为我是被公认的最佳出版商。”

“您是如何成为第一的?”

“因为我知道一句神奇的格言。”

“什么神奇的格言?”

“我经常会向客户说，‘我需要您的帮助’。当你诚心诚意向别人求助时，没有人会说不。”

“您要求什么帮助?”

“我请他给我三个朋友的名字。”

甘道夫知道了这位先生当年成功的秘密，他总是向客户索求 3 个朋友的名字。为什么是 3 个，而不是 5 个或 10 个呢？根据心理学家分析，人们习惯于用“三”来思考，此外，很少人有 3 个以上的好朋友。

从此，甘道夫开始实践这句名言。

“我需要您的帮助”这句话的确帮了甘道夫许多忙，在取得 3 个朋友的名字之后，甘道夫会向客户了解这些朋友的年龄、职务、经济状况，然后在离开之前甘道夫会提出进一步的请求：

“您会在下周前与他们见面吗？如果会，您愿不愿意向他们提起我的名字？或者，您会不会介意我提到您的名字呢？我会用我与您接触的方式，与他们接触。”

“我需要您的帮助”——这的确是一个好方法。甘道夫牢牢记住这句话，因为很多人都愿意提供这种举手之劳的帮助。

甘道夫的客户群像滚雪球一样扩大，通过真诚的交往和不懈的努力，甘道夫终于成为历史上第一位年销售超过 10 亿美元寿险的成功者。

有时候，成功就是这样莫名其妙。当你说十遍“我来帮助您”也不见效的时候，不妨说一句——“我需要您的帮助”。

放低自己，力量就向你汇聚。

像海那样，站在低处，你就可以深，可以大。

幽默

浅含讽喻的微笑

HARVARD FAMILY INSTRUCTION

打不开的窗

布朗先生途经一个偏僻小镇，来到一家旅店打算投宿。这时，另一个顾客也正好来订房间，然而不巧的是，这家旅店只剩下一个房间了。

“这是一间双人房，”服务员说，“如果你们不介意的话，就同住一个房间，可以吗？”一开始，两个人都不乐意，但此时已经是深更半夜，外面又开始下起了雨，他们就勉强同意了。

睡梦中，布朗先生忽然听到有人喊叫，忙睁开眼，房间里漆黑一片。“出什么事了？”他惊问。

同房间的那个人用虚弱的声音答道：“对不起，我有哮喘病，我现在感觉很不好。麻烦你赶快帮我把窗户打开。”

布朗先生跳下床去开灯，但是停电了。病人继续呻吟道：“空气，空气，我需要新鲜空气！我快支撑不住了。”

布朗先生摸黑设法去找窗户。花了好长时间，他终于找到了，但怎么也打不开。

病人的声音越来越微弱。情急之中，布朗先生操起身旁的一把椅子，猛地朝窗户砸去，玻璃哗啦一声碎了。病人立刻停止了呻吟，紧接着说，他感觉好多了，并向布朗先生表示感谢。然后，两人平静入睡，直至天明。

可是他们醒来时，惊讶地发现，房间里唯一的窗户依然关得紧紧的，并且完好无损，而室内的穿衣镜却成了碎片。

人有时候会被不存在的东西所左右，就如那破碎的玻璃声。

心具有神奇的魔法，但我们应该抓住它积极的力量。

艾丽特的发型

艾丽特准备和男友到罗马度假，出发前她到发型师那里去做发型。发型师听说艾丽特要去罗马，马上反应道："罗马？为什么每个人都想去罗马？那里拥挤、肮脏，到处都是意大利人。去罗马，你真是疯了！好吧，如果你真的想去，你打算怎么去？"

"我们准备乘坐欧陆航空公司的飞机，"艾丽特答道，"速度非常快！"

"欧陆航空公司？"发型师惊叫道，"这家航空公司太糟糕了。他们的飞机很破旧，乘务员长得丑，并且他们老是晚点。不过你已经决定了，我说再多也没用。到了罗马，你们打算住哪里？"

"我们准备住在特斯特酒店，听说那是整个罗马城独一无二的酒店……"

"不要进那个酒店，我了解它。每个人都认为它很好，其实它是一个垃圾场，罗马城最差劲的酒店。房间小，服务态度差，并且收费过高。你可别怪我事先没提醒你。哦，对了，到罗马后，你们准备去哪儿玩？"

"我们准备去梵蒂冈，并且，我们希望能看到罗马教皇。"

"真无聊，"发型师大笑道，"你和其他一百万人一样，挤破头都想去看他一眼。他看起来其实就像一只蚂蚁那么小。大小姐，祝你这次糟糕之旅好运。不过我希望你考虑一下我的忠告。”

一个月后，从罗马归来的艾丽特再次来到她的发型师那里做发型。发型师问起了她的罗马之旅。

“棒极了！”艾丽特兴奋地说道，“我们不仅赶上了欧陆航空公司全新的飞机，而且我们被安排在头等舱。食物和酒也很好，更令人兴奋的是，为我服务的是一个年轻英俊的男乘务员。酒店也好极了，他们刚耗资 500 万美元重新装修，现在它当之无愧是罗马最好的酒店了。而且，虽然他们的客房也早就被预订满了，但是他们还是设法为我们安排了一个蜜月套房。”

“哇，”发型师低声嘀咕道，“一切听起来都不错，但我敢肯定你没见着教皇。”

“其实，我们很幸运。因为我们游览梵蒂冈时，一名瑞士卫兵对我说，教皇想接见一些游客。就这样我被带进了教皇的私人房间，等候教皇阁下的亲自接见。5 分钟后，教皇走进房间，和我握手。我跪下来，他对我说了一句话。”

“哦，真的？他说了什么？”

“他说，你在哪里做了这么一个糟糕的发型？”

批评几乎成了每一个人天生的“才能”，但我们发现，很多时候，最应该受到批评的恰恰就是我们自己。

克里姆林宫的岗哨

1903年的一天，俄国沙皇尼古拉二世在克里姆林宫散步时，发现一个奇怪的现象：在一块空地中央，一位哨兵笔直地站在那儿。“为什么要在这儿设置岗哨呢?”沙皇上前询问哨兵，哨兵一脸茫然地说，是上级派他到这儿值勤的，至于原因，他也不知道。

沙皇又把警卫队长叫来，问他为什么要在这儿安排一个岗哨。队长回答说，前任队长就是这么安排的，至于为什么，他也不清楚。最后，沙皇命令队长，必须尽快将这件事彻底查清。

经过仔细了解，警卫队长终于揭开了谜底：1776年初春的一天，叶卡捷琳娜女皇在克里姆林宫散步时，看见空地中央的石缝中钻出了一朵美丽的小花，或许出于女人的天性，女皇随口命令警卫队长，让他在这儿设置一个岗哨，守护这朵小花，以免被人践踏。

女皇很快将这件小事遗忘了，而那朵小花也很快枯萎，但警卫队长没有接到女皇撤岗的命令，仍安排卫兵轮番站在那里保护那朵已不存在的小花。

再后来，逐渐已没人记得小花这件事了，但保护小花的岗哨却一直保留下来，直到127年后沙皇过问此事。

我们满怀崇高地做一件事，却不知道为什么要做这件事——这绝对不是某一个人的愚蠢，几乎是大多数人一生都在犯的错误。

最可悲的是，所有的人竟然不知道自己在犯一种可笑的错误。

荣誉答案

普希金是一位伟大的诗人，但他的数学学得一点儿也不好。当他还是一名小学生时，他发现老师给同学们讲解的四则运算例题的最终结果总是零。所以，从那以后，无论解答哪一道数学试题，普希金甚至连题目都不看一眼，就在等号后面写上“0”。他的数学老师对这个毫无希望的孩子总是摇头感叹。

“去写你的诗吧！”老师对普希金说，“对你来说，数学就只意味着零。”

普希金成名以后，一次坐着四轮马车去奎夫城。在路上，四轮马车翻了。

普希金跳出马车走进了路旁的一家小旅店。当旅店的老板知道他是伟大的诗人普希金时，兴奋异常，赶忙跑到地窖里，取出一瓶最好的酒，款待这位受人尊敬的客人。老板娘则取出一本很大的旅客登记簿，要求普希金签名。

当普希金在登记簿上写下自己的名字后，看到老板的小儿子正恭敬地用双手捧着一本练习本站在他的面前，这位小男孩也希望诗人给他签名。但是因为在打开的练习本上有一道四则运算试题，普希金以为小男孩是要求自己给他解答这道题目。于是，他像过去一样，用笔在算式的等号后面写上了“0”，并对小男孩说：“小家伙，试试你的运气如何吧！”

第二天，这位伟大诗人写的答案上被打了一个鲜红的“×”。小男孩简直不能相信他的老师。

"怎么会错呢?"小男孩眼中噙着泪说，"它是由普希金做出来的啊!"

这件事被荣誉校长谢连科夫将军——一位年老眼花的贵族知道了，"好啦，"这位老人说，"我根本就不懂教育，却被邀请做你们的荣誉校长。普希金也不懂数学，所以，就让这个'0'作为这道题的荣誉答案吧!"

在孩子的世界里，父母有幸再一次看见童年的背影。

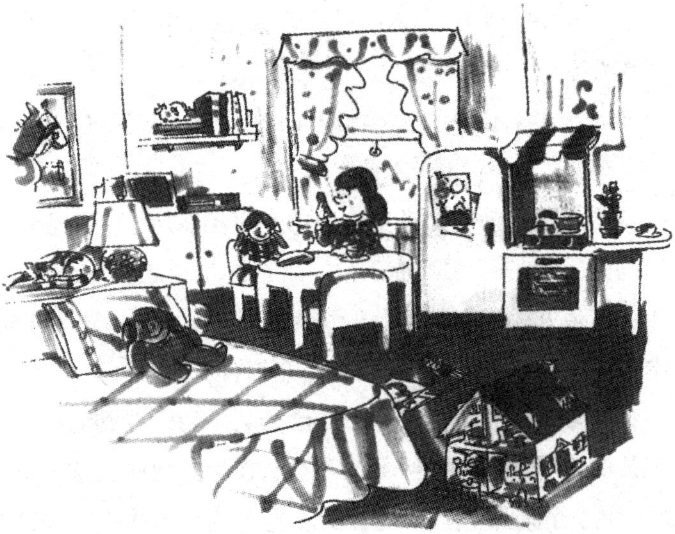

我们可以崇拜名人，但是对他们的咳嗽和喷嚏，不一定也要一起崇拜。

如果对名人很感兴趣的话，就努力让自己成为名人。

托马斯叔叔

老师给五年级学生布置了一道家庭作业：请父母讲一个真实的故事，回到班上再转述给同学们听，并总结故事的寓意。

第二天，老师抽查孩子们的作业。

一个学生说："我爸爸给我讲了他买鸡蛋的事。他把鸡蛋全放在一个篮子里，回家时一个急刹车，篮子飞了，鸡蛋全打了。"老师问："寓意是什么呢?"学生说："别把鸡蛋全放在一个篮子里。"

另一个学生说："我妈妈给我讲了她在农场养鸡的事，她把12个鸡蛋人工孵化，但是最后只有10个鸡蛋孵化出小鸡。寓意是，在鸡蛋孵化之前，没有人断定最后能得到多少小鸡。"

这时候有个小孩主动举起了手，老师鼓励他说："查理·布朗，你来说。"

查理·布朗站了起来："我爸爸给我讲了托马斯叔叔的故事。托马斯叔叔当过轰炸机驾驶员，有一次飞机被击中了，他得跳伞逃命，当时他有一瓶威士忌、一挺机枪和一把军刀。为了减轻负担，托马斯叔叔先把威士忌喝光才跳伞，结果刚好落在200个敌人中间。他用机枪扫倒了150人，子弹打光了，又用刀砍死了40人，军刀卷了刃，最后赤手空拳歼灭了10个敌人，终于保住了性命。"

课堂上鸦雀无声，所有人都被这血腥惨烈的故事吓呆了。过了好一会儿，老师结结巴巴地说："这个故事有……有什么寓意?"

小查理·布朗满不在乎地耸了耸肩说："我爸爸要我记住，在托马斯叔叔喝醉酒的时候，可千万别去惹他。"

每一种生活都有独特的寓意，只不过，不同的人会有不同的发现。

发现了生活的寓意，就与生活有了某种程度的接近，也许，是远离——如果理解得不够正确的话。

惊人的判断力

在蒙大纳州一个偏远的山谷，一位牧民正在放养他的牧群，突然，一辆崭新的高级轿车出现在他的面前，开车的人穿着非常考究，他放下车窗探出头来对牧民说：“我敢打赌，我能非常准确地知道你的牛群有多少头牛，如果我的判断正确，你就送一头小牛给我，敢不敢打赌?”

牧民看着这个一身名牌的男人，又看了看漫山遍野的牧群，静静地说：“当然，为什么不呢?”

开车人停好自己的车，取出他的戴尔笔记本电脑，连接上摩托罗拉移动电话，登录美国航天局的主页，在那里，他申请了一个 GPS 定位卫星系统的服务，明确自己现在所处的位置。然后他要求另一颗卫星为他提供所在位置的高清晰照片，他用 Adobe Photoshop 打开得到的数字照片，将这些照片发给德国汉堡的数字图像处理中心。片刻之后，他收到了电子邮件，图片已经得到处理，数据也被储存起来。然后他访问了微软数据库系统，将电子邮件上的数据输入电子表格系统，几分钟后他得到了回复。

最后他用微型高精度惠普激光打印机打印出一份 150 页的全彩报告，他拿着报告微笑地看着牧民：“哈哈，一共 1586 头牛，怎么样?”“完全正确，好吧，你自己可以挑选一个带回去了。”牧民答道。

牧民平静地看着开车人进入牧群，看着他挑选了一个放进自己的车里。然后牧人走向车子：“嗨！如果我能准确地猜出你的职业，你能把它还给我吗?”

开车人看着这个牧民想了想，点点头：“当然，为什么不呢?”

“你一定是个国会议员。”牧民毫不犹豫地说。

“哇！太正确了!”开车人吃惊地叫道，“你怎么猜得这么准?”

“根本就用不着猜，”牧民说，“你们总是这样，第一，没有人请你们来可你还是来了；第二，你们愿意花大量的时间和金钱去研究一个问题，其实你想要的答案我早就知道了；第三，我没有向你提出任何问题，可你却能自己制造一个问题；第四，你们总是夸夸其谈，显得非常能干，总喜欢拿所谓准确的数据说话，但你们并不了解那些数据背后的实际情况。比如，你知道我牧群的数字，可是我要告诉你，我放牧的是羊群，而不是牛群……”

议员目瞪口呆地看着牧民。

牧民伸出双手：“好了，现在把我的牧羊犬还给我吧。”

“大人物”和“伟人”有明显的区别：“大人物”让接近他的人感到自己很渺小，“伟人”让接近他的人感到自己也很伟大。

藐视“大人物”，小心被他们弄得惊慌失措！“大人物”除了看起来比我们更加夸张一些，实际上一点也不比我们更了不起。

租房

一家人从一座城市来到另一座城市，他们不得不出去找房子住。

全家三口，夫妻俩和一个 5 岁的儿子。他们跑了好多地方，直到傍晚，才好不容易找到一家合适的公寓。

公寓的位置和周围环境出乎意料的好，于是，他们前去敲门询问。温和的房东走出来，对这家人从大到小打量了一番。

丈夫鼓起勇气问道："听说这房子准备出租，我们能进去看看吗？"

房东又看看他们，然后遗憾地说："啊，实在对不起，我们公寓不租给带孩子的房客。"

丈夫和妻子听了，不知如何是好，就失望地转身走了。

那个 5 岁的儿子，把事情的经过从头至尾都看在眼里，他那可爱的小脑袋在想：真的就没办法了吗？

他让父母停在远处等着，自己跑回去，用他红叶般的小手，又去敲房东的大门。门开了，房东又出来了。

这孩子信心百倍地对房东讲了一番话，房东听了之后，高声笑了起来，决定把房子租给他们。

父母感到很惊讶，问儿子说了什么话，怎样说服了房东？

孩子其实也没有什么别的高招，他说："老爷爷，这个房子租给我好吗？我没有孩子，我只带两个大人。"

如果孩子的父母出面解决这个问题，无疑是三个方案：1. 出更高的价；2. 求情；3. 夸耀自己的孩子非常听话。

教育中不妨让我们来一个角色置换，改变一下思考问题的角度，说不定，我们作为一个成人，忽然就会拥有"孩子般"的智慧。

发明的意义

法拉第刚发明电磁感应，他希望得到一笔资金，来研究它的功能。于是，法拉第和助手来到首相办公室游说，希望他能出一笔钱赞助他的工作。

首相高兴地如约接见了法拉第，因为他知道法拉第的名气，很希望和他聊聊天。

谈话进行了很长时间，但首相绝口不提赞助的事。法拉第的助手有些沉不住气了：“我冒昧地问一句，您是否能为我们的研究成果提供一笔资金，让我们把它的功能开发出来？”

首相耸耸肩说：“研究它有什么用？”

助手说：“研究出它的具体功能，将会带动很多其他发明。”

首相又问：“那些其他发明又有什么用呢？”

助手说：“刚才跟您说过的，电磁感应就是让线圈通过磁场，线圈就可以带电，也许根据这个原理，让一些东西利用电力和磁力转起来。”

首相打断他说：“让带电的东西转起来又有什么用呢？”

助手急得快要疯掉了，他实在无法想象，如何对这个科学盲解释电动的功能。他只好从最基本的开始讲，从科学的基本原理，到科学对人的影响……虽然他讲得很卖力，但首相却似乎不感兴趣。看他眼里的神色，似乎打算不出这笔钱了。

法拉第见状，微笑着拍拍助手的肩膀，对首相说：“我想我的助手说得很明白，科学可以带来发明，发明可以改变人们的生活方式，渐渐地人们就离不开这个发明。到时候……我想您可以用它来收税。”

刚才还半躺在沙发上的首相，一下子坐了起来，拉住法拉第的手，双眼顿时放光：“哦！法拉第先生，您能够说得更详细一些吗？”

法拉第很快就得到了首相的许诺，他马上便可以得到一大笔资金。

回去的路上，助手问法拉第：“您怎么知道一旦提到税收，首相就会同意？”

法拉第笑笑：“政客和科学家是不同的，要知道，虽然我们喜欢吃火腿，但要让驴子高兴，就只能喂他草料。”

我们的内心如果还有一点点童贞的话，就不会对孩子们的“怪异”举止目瞪口呆。

在你想得到之前，要让别人先得到。满足别人，就是满足自己。

有些人并不一定喜欢牛排，但对你描述的“滋滋”声也许感兴趣。

穿靴子

一位幼儿园老师正帮一位淘气的学生穿靴子。她使尽浑身解数，靴子仍很难穿上。等穿好第二只靴子，她已满身是汗。

她终于高兴地站起身，小男孩却说："老师，您穿错脚了。"她几乎要哭出来，仔细看了看，发现确实穿错了。

脱靴子并不比穿靴子省力气。她努力保持镇静，帮孩子又把靴子换过来，穿上，这次总算穿对了脚。可孩子又说："老师，这不是我的靴子。"

她极力遏制住自己的怒火，差点要冲孩子喊道："为什么你不早说?"但她没有这么做，她怕伤害了孩子。

她再一次帮这个学生脱掉蹩脚的靴。但他又说话了："这是我弟弟的靴子，是妈妈早晨让我穿的。"

此刻，她感到欲哭无泪。

她鼓足仅剩的宽容和勇气，使劲地把靴子重新穿上他的脚，说道："好了，没问题了。"

"可是，我还没有戴手套。"孩子睁着清澈的眼睛看着她。

"那么，你的手套呢?"

小男孩有点沮丧地说："我把它们塞在靴子里面了……"

孩子是可爱的，只是，他们的可爱很多时候是用你觉得很麻烦的方式呈现出来。

如果面对孩子的麻烦你没有发怒，而是开心发笑的话，说明你是一个可爱的大人。

七个可笑的故事

三个朋友到纽约度假。他们在一家酒店的第45楼订了一个套房。一天晚上，电梯出现故障，他们决定徒步走回房间，并约定轮流说笑话、唱歌、讲故事，以减轻登楼的劳累。

笑话讲了，歌也唱了，好不容易爬到第34层，大家都感觉精疲力竭。

“好吧，彼德，你来讲个故事吧。”彼德说：“故事不长，却令人伤心至极——我把房间的钥匙忘在大厅了。”

○无论我们多么幽默，但总要真实地面对痛苦。

麦克走进餐馆，点了一份汤，服务员马上给他端了上来。

服务员刚走，麦克就嚷起来：“对不起，这汤我没法喝。”

服务员马上把汤端走，很快又重新给他上了一份新汤。

他还是说：“对不起，这汤我没法喝。”

服务员只好叫来经理。

经理毕恭毕敬地朝麦克点点头，说：“先生，这个汤是本店最拿手的，深受顾客欢迎，难道您……”

“你们换了汤，但仍然没有拿来汤勺。”

○有错就改，当然是件好事。但我们常常却改掉了正确，留下了错误。

饭厅内，一个异常谦恭的人胆怯地碰了碰另一个顾客，那人正在穿一件大衣。

“对不起，请问您是不是皮埃尔先生?”

“不，我不是。”那人回答。

“啊，”他舒了一口气，“那我就没弄错，我就是他，您穿了他的大衣。”

○即使在你有理的时候，也不一定要盛气凌人。

一个很有名的作家要来书店参观。书店老板受宠若惊，连忙把所有的书撤下，全部换上作家的书。作家来到书店后，心里非常高兴，问道：“贵店只售本人的书吗?”

“哦，也不是。”老板犹豫一下，为了表明他的书店非同凡响，便自豪地说，“别的书都卖完了。”

○讨好是很危险的，你在奉承别人时，弄不好又会侮辱了他。

在邮局大厅内，一位老太太走到一个中年人面前，客气地说：“先生，请帮我在明信片上写个地址好吗?”

“当然可以。”中年人按老人的要求做了。

“谢谢!”老太太又说，“再帮我写上一小段话，好吗?”

“好吧。”中年人照老太太的话写好后，微笑着问道，“还有什么要帮忙的吗?”

“嗯，还有一件小事。”老太太看着明信片说，“帮我在下面再加一句：字迹潦草，敬请原谅。”

○如果要帮助别人，就一定要尽力帮好。

一个苏格兰人去伦敦，想顺便探望一位老朋友，但却忘了他的住址，于是给家父发了一份电报：“您知道托马斯的住址吗？速告!”当天，他就收到一份加急回电：“知道。”

○有时候我们终于找到了正确答案，却发现它是无用的。

生活有时候看起来很荒唐，但在它的背后却隐藏着常人无法体味的真理。

生活是最好的老师，但需要每个人自己寻求答案。

今晚十点

查利是一位英雄。在一次战斗中，他为了抢救一名战友而不幸双目失明。退伍后，他决定从事一项对于他来说完全陌生的运动——高尔夫球。

凭着毅力和热情，查利 13 次获得美国盲人高尔夫球赛冠军。他有一个梦想，就是与当时世界上最伟大的高尔夫球手霍根打一次球。

霍根也被查利的精神所感动，同意与他见面并和他打球。

“霍根先生，你愿意与我一赌输赢吗?”见面时，查利有些唐突地问。

“我不能与你打赌，这样做不公平!”霍根答道。

“先生，你是胆小鬼吗?”

“好吧，”霍根有些生气了，“不过，我要声明一点，我是绝不会让你的!”

“我不稀罕，拿出你最高的水平吧!”查利信心十足地说。

“那好，查利，由你来确定时间和地点!”

查利想了想，然后说了一句振奋人心的话：“今晚 10 点!”

只要你对人生充满期待，并满怀信心，你的世界永远都是星日在天!

上帝特意把一个盲人的辉煌设定在“今晚 10 点”，这难道不是对他的特殊奖赏吗?

表达不满的方式

吉姆在啤酒摊上喝扎啤，他发现摊主每次倒扎啤时，不但杯里泡沫很多，而且不满。

喝完第二杯后，他笑着问摊主：“你这儿一星期能卖多少桶啤酒?”

“50桶!”摊主得意地回答。

“那么，”吉姆有些神秘地说道，“我刚刚想出来一个能使你的销量翻番的方法，这样你每周就可以卖掉100桶啤酒。”

摊主一听，急忙问：“你能告诉我是什么方法吗?”

“很简单！只要你将每个啤酒杯都装满就行了。”

吉姆和朋友到公园游玩，看到有人骑马，一时兴起，也租了一匹马来骑。骑上不久，他就发现这是一匹还未完全驯化的野马，果然，在经过一道篱笆时，野马把他摔了出去。

归还马匹时，朋友问他骑得怎么样，吉姆看了看站在一旁的马主人，似笑非笑地说：“还不错，就是这匹马被主人驯化得太客气，一看到有篱笆，它就让我先过去了。”

吉姆带女朋友到一家日本料理店吃饭，吃着吃着，他满怀感慨地对女朋友说：“早知道是这样的料理，前几天就应该带你来了。”

老板听到了，十分得意地说：“谢谢您的称赞，谢谢!”

小伙子说：“我的意思是，像这些生鱼片，如果前几天吃，一定比今天还要新鲜。”

吉姆到一家理发店去理发，碰巧遇到的又是上回那位不太认真的理发师。他灵机一动，好像很激动的样子，大声说道：“太好了，上次也是你给我理的发。”

他边说还边竖起了大拇指：“上次理得太神奇了!”

理发师略感意外，但还是很高兴地说：“哦，谢谢!”

吉姆凑近理发师，压低嗓音说：“从那次起，我老婆再也不要我陪她逛街了。”

尊敬的丈夫先生，如果你的报纸还没看完的话，我和女儿再等你一个小时开始用餐，可以吗?

在你准备发怒的时候，试着发笑吧，它既能维护你的威仪，也不会伤及别人的尊严。

金表去世了

有个聪明人，知道他富裕的邻居爱贪便宜，就想故意捉弄他一回。聪明人到他邻居的家里，诚恳地要求借一只银勺子，富人借给了他。几天后，他把这只银勺子连同另一只小银勺子一起还了回来。

“这是干什么？”富人问道，“我只借给你一只勺子啊！”聪明人回答说：“你的勺子生下了小勺子，所以我把母子俩都带来，因为它们理应都属于你。”富人愣了一下，可贪婪的本性还是让他笑眯眯地把两只勺子都收下了。

过了几天，聪明人又来向富人借银酒杯。过后，他又拿着一大一小两只银酒杯来到富人家。“恭喜你，你的酒杯又生了个小酒杯。”富人心花怒放，他想，这人真是傻到家了！

过了一些时候，聪明人第三次来找富人：“你能借我一只金表吗？”富人爽快地答应了。他想，这下又能多一只小金表了！

日子一天一天地过去，可聪明人始终没有出现。富人等得不耐烦了，来到聪明人家里。“我的金表呢？”他问道。

聪明人长叹一口气，悲伤地说：“天哪！让我告诉你一件不幸的事吧，你的金表不幸去世了！”

“去世了？你这是什么意思？”富人生气地说，“真是闻所未闻！金表怎么会去世呢？”

聪明人摊开手反问道：“如果你相信勺子能生小勺子，酒杯能生小酒杯，有什么理由怀疑金表不能去世呢？”

贪婪可以把所有的聪明变成愚蠢，把所有的智谋变成危及自身的圈套。

谁是傻瓜

有一天，国王命令纳斯列津造制一个宫廷傻瓜的名册，显然，这是一件十分荒唐而且难办的事。

纳斯列津想阻止国王这样做，但如果直接劝说，国王不一定会听。纳斯列津眼珠一转，心里有了主意。

纳斯列津拿起笔，在傻瓜名册的首页写上国王的名字，然后呈给国王。国王接过看了看，不解地问："这是什么？"纳斯列津答道："傻瓜名册，我的陛下。"

国王厉声呵斥道："这么说来，我的宫廷只有一个傻瓜，而且那个人就是我？"

"是的，我的陛下。"纳斯列津恭敬地说，"没有比您更傻的人了。"

"你凭什么说我是傻瓜？"

"您让我造制宫廷傻瓜名册，说明您知道您的宫中有许多傻瓜，可是您却把他们养起来，给他们吃穿，给他们高官厚禄，这不是大傻瓜吗？"

"要是他们都是聪明人，值得尊敬，那又怎么样？"

"您还是最傻，陛下。"

"为什么？"

"是这么回事，"纳斯列津说，"如果您明明知道您的所有亲信都是聪明人，而您却让我造制一个傻瓜名册，这正说明您自己傻。把聪明人当成傻瓜的人难道不是傻瓜吗？"

国王火了，气恼地说：“如果说，我的宫廷里还是只有一个傻瓜，这个傻瓜就是你呢?”

纳斯列津镇静地回答：“那您还是傻瓜，聪明人绝对不会让傻瓜去造制傻瓜名册。”

国王气急败坏地吼道：“我这就把刽子手叫来，先割掉你的舌头，看你还说什么!”

纳斯列津平静地回答：“那您还是傻瓜，因为把一个敢于说实话的臣子杀死，这样的国王是最傻不过的了。如果您要那样做，我就划去您的名字填上我的名字，好让今后没人对您说实话，让您当一辈子傻瓜。”

国王终于无言以对，像个傻瓜一样看着这个狡猾大胆的纳斯列津。

人的最可悲处在于，自己总以为别人是傻瓜，于是面对着这些“傻瓜”，就干出许多仿佛很聪明的事情，结果所有的事实都让人得到一个结论：你是个傻瓜!

自以为聪明的人，就是世界上最大的傻子。

人的智慧

上帝说，人的智慧常常使人干蠢事，有时还不如动物。

这句话让人感到十分不快："我就不相信，我宁愿和动物们一比高低！"

上帝说："孩子，我不是否定你，而是警告你。要比试的话，我的题目也很简单，你看!"

突然，人的面前出现一堆黄金、一堆嫩草、一堆香蕉、一堆鲜肉；接着，一头驴子、一只猴子、一只老虎也相继站到了人的身边。

上帝说："在答案面前，你们可以任意选择。"

猴子不容分说，抱起香蕉就跑了；驴子嗅嗅青草，然后叼走了；老虎见肉大喜，吃掉一半，带走一半。

人看着上帝问："就这样吗？"上帝笑笑，"是啊，你不要黄金的话，我也可以给你别的。"

人摇头道："我要的正是黄金——难道这不是答案吗？"

上帝说："这不是答案。你把黄金背起来吧。"

人背起黄金，扭头对上帝说："给我答案吧。"

上帝一挥手——眼前一片汪洋大海，人站在孤岛中间，身边分别是一只吃香蕉的猴子，一头嚼着青草的驴，还有一只守护着鲜肉的老虎。

看着一堆黄金，人不禁怅然若失，哭笑不得。

人永远不要挑战上帝，也永远不要和大自然作对。人应该谨守人的本分，做人该做的事情。

人只是作为动物的一种而存在，它的使命并不是来领导世界，也不是做其他动物的楷模。

也许人本来是聪明的，但非分的欲望却让他们变得愚不可及。

尊重

平等虔诚的敬畏

HARVARD FAMILY INSTRUCTION

蜗牛也值得尊重

英国伦敦西部，一度是经济发展迅速的地区，被称为“英国的加利福尼亚”。在这一区域，有一片300平方英里的空闲土地。由于这里是住房需求最强劲的地区，无数房地产开发商都看好这块土地，并向伦敦市政府提出建房申请。为了缓解城市住房压力，政府计划在这里建造2万间房屋。

但就在开工前不久，事情却发生了转折。伦敦市政府突然宣布，取消所有的建房计划。政府的朝令夕改令开发商们十分恼火，他们要求得到一个合理的解释。政府的回答是：我们应该尊重在这里栖息的鸟类。

原来，当地政府在开发前期的调查中发现，在这一地区，生长着大量的石楠树和其他植物，森林云雀和夜莺等多种鸟类常年在这些树上筑巢居住。为了不破坏鸟儿们的生活环境，政府决定放弃建房计划，为小鸟们的生存让路。

和英国小鸟一样受到格外尊重的，还有新西兰的蜗牛。

索里德公司是新西兰的一家能源公司，一天，工人们在新西兰南岛的斯托克顿煤矿采煤时，意外发现了一种稀有的蜗牛，他们立即停止工作，把这一情况报告了公司。

公司得到消息后，迅速召开紧急会议，决定马上停止那一区域的作业。为了不打扰这些蜗牛，不破坏它们的生存地，索里德公司绕开了蜗牛的居住区，选择另一个方向掘进。这一措施使工期延误了19个月，公司的成本支出增加了897万美元。

许多人都认为，索里德公司为了微不足道的蜗牛造成这么大的损失是不值得的。但他们的回答是，损失再大也不能归咎于蜗牛，因为蜗牛原本就住在那里，是人类影响了它们的生活。

韩国首尔市政府曾斥资40亿韩元，用来拆除市内的两栋公寓大楼，这两栋大楼地处人口拥挤的市中心，里面住着几百户人家。政府之所以如此大动干戈，因为这两栋楼的根基妨碍了一棵银杏树的生长，这棵银杏树在这里已经生活了800多年。韩国人认为，楼可以在别处重建，千年老树的生命却只有一次。

一直以来，我们从没有把一群鸟、几只小蜗牛和一棵老树上升到生命的高度，把它们和人类相提并论，并加以尊重。在所有的生命中，人类是最没有教养的孩子，喜欢肆无忌惮地冒犯“别人”、伤害“别人”，结果，在这种无知的伤害和冒犯中，人类自己也伤痕累累。

假如人类真像自己标榜的那样，是万物之灵长，那他们就有义务让所有的生命都能够尊严地活着。

对动物的任意宰割和猎杀，决不是人类的光荣，而是人类的羞耻。

妈妈眼里你最棒

罗恩是一个14岁的小男孩，在格兰杰高中读9年级。

这天，是校际橄榄球比赛的日子。罗恩作为候补球员被选入校队，他可是唯一一个拥有如此荣耀的低年级学生。他兴奋极了，邀请妈妈来观看比赛。罗恩的妈妈从来没看过橄榄球比赛，但她兴致勃勃地去了，还带了几个好友为儿子呐喊加油。

激烈的比赛结束后，罗恩的妈妈在更衣室外等候儿子，准备和他一起回家。

"妈妈，你觉得怎么样？天啊！你有没有看到我们3次底线得分？还有我们的防守，很棒吧！对了，在重新开球后，我们还组织反攻，截断了对方的传球。妈妈，你看到了吗？"罗恩一看见妈妈，就兴奋得手舞足蹈，一口气问了很多问题。

"儿子，你太棒了，真的，我真为你骄傲。你激动地提了11次球袜，那动作真利落；你还喝了8次水，对了，还有几次我看见你往自己的脸上洒水。宝贝，你肯定流了不少汗；还有，你扬手拍19号、5号和16号下场队员肩膀的样子帅极了，那动作真像个职业球员。"罗恩的妈妈言语里充满了自豪。

"噢，妈妈，你怎么只注意那些小事啊！"罗恩有点泄气，"我哪有那么棒？我甚至一直都没上场，只是个候补球员而已。"

妈妈微笑着抱住罗恩："宝贝，妈妈不懂橄榄球，也不是来看球赛的。妈妈是来看你的，我的儿子。在妈妈的眼里，你就是最棒的球员。"

几乎每一个父母都知道爱自己的孩子，但只有很少的父母知道尊重和欣赏孩子。

如果父母之爱中少了欣赏，少了尊重，这样的爱既没有温馨，也缺少力量。

聪明的仆人

威尔博士家附近住着一位富有的老妇人司格特，她时常打发小仆人给博士送些礼物。

仆人每次都恭恭敬敬地把礼物双手递给博士，临行还不忘深鞠一躬。但博士接受礼物后，不但从没给过小仆人任何酬劳，甚至连一声“谢谢”也没说过。

一天，博士正在读书，那位小仆人突然冲进他的房间，将一个纸盒扔在书桌上，高声说道：“司格特夫人送给你两只兔子！”说完转身就要离去。

威尔博士对小仆人的莽撞无礼感到很吃惊，他转过身，一脸郑重地说：“孩子，你这样做不对。现在，你坐在我的位子上，看我怎么做。”

“好呀！”小仆人欣然坐了下来，俨然作出主人的样子。威尔博士走出去，过了一会儿，传来轻轻的敲门声。小仆人说：“请进！”

博士进了门，走到书桌旁，双脚并立，说道：“先生，司格特夫人向您致以亲切的问候，并希望您收下这两只兔子。”小仆人站起身，恭敬地回答说：“请你代我向夫人致谢。另外，这两个先令是给你本人的，谢谢你每次的辛劳。”

博士愣了一下，接过两先令的小费，小仆人哈哈大笑起来。威尔博士似乎突然明白了什么，从此改变了对小仆人的态度。

教育和教养是两个概念。博士拥有好的教育，但仆人却拥有好的教养。

我们经常计较别人的差错，却没有看见自己的过失，所以，我们的劣习就永远如影随形。

记住别人的名字

吉姆·法里只上过小学，但是在46岁之前，他已经拥有了四所大学授予的荣誉学位，并且成了美国民主党全国委员会的主席、美国邮政总局局长。他成功的秘诀在哪里呢？原来，他有一种惊人的本领——能记住所有他见过的人的名字。

吉姆是怎样记住这么多的人名呢？每次与人初次相见，他都会问清对方的姓名、家人、职业和政治见解，然后将这些资料记在备忘录上，过些日子就翻阅一遍，这样反复加强记忆，直到信息深入脑海。所以，即便是多年后再碰上这个人，他也能握住对方的手，叫出对方的名字，询问他的太太、孩子情况，甚至家里养的小狗等细节，像是认识多年的好朋友。对方惊喜之余，就自然对他产生格外的好感。

吉姆的惊人记忆力为福兰克林·罗斯福竞选美国总统立下过汗马功劳。早在竞选活动正式开始之前的几个月，他就开始每天写几百封信，发给他曾经认识或者只见过一面的人，然后，他开始到各州巡回漫游。每到一个市镇，吉姆总是很快结识一些当地人，和他们一起吃饭、喝茶、聊天，互诉肺腑之言。短暂的停留以后，又跳上火车，奔向下一个市镇，去结识新的朋友。

回到东部后，吉姆立刻将一路上新认识的、谈过话的每一个人都列在名单上，然后逐一给他们写信。名单上的每个人都收到一封吉姆·法里的私人函件，每封信都是以“亲爱的……”

开头，以“吉姆·法里”结尾。这种出色的社会活动，不仅成功地帮助福兰克林·罗斯福入主白宫，当上了第34届美国总统，最后也帮助吉姆·法里自己赢得了无数朋友和支持者，使他的事业得以成功。

吉姆·法里说：“记住别人的名字，而且能轻易地叫出来，等于给别人一个意外的赞美。因为，人们对自己的姓名看得异常重要，你记住了它，就是对他本人表达了最大的敬意。”

判断一个人的身价，看他的对手；判断一个人的未来，看他的朋友。

记住别人的名字，你自己的名字也不会被轻易遗忘。

生活中很多看似高超的技巧，其实都是最简单的方法，就因为简单，很多人无法做到。

劫匪的良知

1999 年 4 月的一天，在美国洛杉矶市中心，一名劫匪抢劫银行时被警察团团包围。无路可逃的情况下，他劫持了一名妇女作为人质。

当劫匪挟持着人质马上就要冲出包围时，那位妇女突然痛苦地呻吟起来。劫匪厉声喝令她住口，但呻吟声却越来越大。劫匪这才注意到，人质原来是一名孕妇，在极度惊吓之下，她马上就要分娩了。

鲜血已经染红孕妇的衣裤，情况十分危急！在这千钧一发之际，只见劫匪把枪扔到了地上，慢慢举起了双手。

警察一拥而上，劫匪被戴上了手铐。

孕妇临产在即，离这里最近的医院开车也需要 20 分钟。这时，已被戴上手铐的劫匪忽然对警察说："请等一等，我曾是医生！"警察迟疑了一下，劫匪说："孕妇已无法坚持到医院，母子随时会有生命危险。请相信我！"警察打开了劫匪的手铐。

似乎没过多久，伴随着洪亮的啼哭声和围观者的热烈掌声，一个新生命平安降临了。劫匪看着平安的母子，脸上不禁露出了欣慰的笑容。随后，他回转身，伸出沾满血污的手，让警察重新给他戴上手铐。

生命是生命最权威的通行证，即使在一个持枪劫匪面前，它依然能够畅通无阻。

克里斯托镇的奖励

2006年夏天，一位在德国留学的东方年轻人从波恩港出发，沿着莱茵河开始了他的自行车旅行。

一天，当他来到莱茵河沿岸的一座小城投宿时，却被几名身着制服的警察拦住，彬彬有礼地把他请到了警局。年轻人感到很奇怪，警察告诉他说，他们是受一个叫做克里斯托镇的镇长之托来寻找他的。

随后年轻人接到克里斯托镇镇长打来的电话，要他回克里斯托镇领取500欧元的奖金和一枚荣誉市民奖章——这是小镇历来对拾金不昧者的奖励。

原来，两天前他路过克里斯托镇的时候，捡到了一个装有几千欧元现金和好几张信用卡的皮夹，随后他将拾到的东西送到市政厅，然后就悄悄离开了。

镇长在电话中恳求他回去领取奖金和奖章，年轻人却回答说，施恩不图报是我的信条，自己如果因为做了这点善事而接受那笔奖金和荣誉，反倒有愧于自己的善行。

镇长想了想，然后问他："你知道我们是怎样找到你的吗？"镇长告诉他，他刚一离开，镇上的人们就立即开始追寻他的下落。由于他在镇上只是稍作停留，人们只听说他在沿莱茵河旅行，连具体的方向都不清楚。小镇的警察只好把他的相貌拼图电传给上下游两岸的十多个城镇的警局，发动了百余名警力，花了两天时间才把他找到。

听到克里斯托小镇如此劳师动众地寻找自己，年轻人很感动，但他还是很不理解：既然自己已经离开，还有必要如此大费周折地寻找吗?

镇长听到他的话之后，严肃地回答说："施恩不图报是可贵的，但这并不是简单的个人问题，如果你拒绝我们的请求，就等于在破坏我们的价值规则。你可以不在乎那些奖励，但你必须接受它们，因为那不仅仅是对你个人的奖赏，也是整个社会对每个善举的尊重。对善举的尊重，是我们每个公民的责任，也让我们有资格去劝勉更多的人施援向善。所以，我们不能因为你的无私而放弃履行自己的责任。"

这番话让这位东方年轻人十分感慨，他第一次真正认识到什么是"西方的智慧"，他终于答应回到克里斯托镇接受奖励。因为他终于明白，克里斯托镇的奖励不是对他本人的奖励，而是针对他的善举所给予的奖赏。

如果善举得不到奖赏，善就得不到光大和弘扬。接受善行的奖励，就是对善的肯定和敬重。

采访“铁娘子”

史密斯深呼一口气，极其小心地迈进那个房间。撒切尔夫人早已经等在那里了，史密斯的心不由自主地剧烈跳动起来。忐忑不安的紧张已经持续了整个上午，而此时，这种情绪似乎已经再不由他控制。

预先设计好的开场白并没有派上用场。因为还未等他开口，撒切尔夫人已经打开了电视机：“年轻人，有场足球赛刚刚开始，采访暂时放一放，咱们先看看这些勇敢球员的表现如何啊?”“铁娘子”似乎并不像总编说的那样时间紧迫，她神情悠闲，亲切和蔼地笑着问史密斯。

史密斯强挤出一点笑容，心里却说不出地惊慌。因为，就在刚刚迈进门的时候，他沮丧地发现，他竟然想不起要采访的题目了。采访提纲就装在手提包里，可是总不至于要当着她老人家的面来拿着看吧，那样显得自己多没水准。

足球赛一开场就异常激烈，但史密斯丝毫没有看的心情。虽然他一再强迫自己要冷静，瞬间“短路”的大脑也在极力建立“链接”，搜索着相关信息，可慌乱的思维根本就无法固定下来。该怎么办呢？史密斯万分懊恼！

“年轻人，喝杯我煮的咖啡怎么样？虽然年龄大了，有些笨手笨脚，不过，我的手艺可还是很棒的呢！”撒切尔夫人边说边起身去隔壁煮咖啡。如同得到救赎一样，史密斯忙不迭地翻开手提包，拿出采访提纲……

大约过了一刻钟的工夫，撒切尔夫人端着滚热的咖啡走了进来："我们的对话现在可以开始了吗？"史密斯接过咖啡郑重地点点头。

采访出乎意料地顺利。史密斯的心终于安定了。

告别的时候，撒切尔夫人拥抱了史密斯，并轻拍他的肩膀说："年轻人，我并不喜欢看球赛，也不喜欢煮咖啡，以后有机会再见面，可不要再给我出难题啊。""铁娘子"始终一脸笑容。

史密斯这才醒悟过来：原来她老人家早已看出了自己的窘迫，但是，她又给了他足够的理由避免尴尬。多么温暖而善良的老人啊！

体谅，才能走进别人的心；体谅，别人才能走进你的心。

体谅并不要我们付出很多，一点理解和一点同情就已经足够。

让孩子看到朝阳

2007年9月，位于南美的委内瑞拉突然更改作息时间，把全国的时钟统一调慢半小时。

这个决定立刻引起了巨大的争议，因为时间变动，给整个国家带来了很大的负面效应。首当其冲的是金融业，为了适应新时间，银行和证券公司不得不召集程序员，重新编写电脑软件；一些商店因为推迟半小时，营业额受到极大影响；政府工作人员必须适应新的作息制度，重新调整生物钟；交通、新闻、饮食服务等行业都无一例外地受到冲击……

许多人对修改时间的决议感到莫名其妙，但全国的中小学生们却为此兴奋不已。

这个决定出台之前，按照委内瑞拉的学校作息时间，中小学生每天天不亮就得起床去上学。特别是许多居住偏远的孩子，为了赶上授课时间，必须摸着黑奔往学校。

有一个异想天开的孩子，给委内瑞拉总统查韦斯写了一封信，他在信中说，因为每天要起大早去上学，所以已经很久没有看到早晨的太阳了。孩子说，自己最大的愿望就是让早晨的时间推迟半小时，这样，每天就可以迎着朝阳去上学了。

孩子的来信，深深打动了查韦斯总统，他亲自组织工作组，对全国的中小学校进行了调查。结论证明了那个孩子的说法：大多数孩子不但看不到早晨的太阳，还因为睡眠不足而影响了身体健康和功课。

查韦斯当即作出决定：把全国时间调慢半小时。这个决定，令许多人震惊，有人说，这完全是查韦斯一时的心血来潮，还有人干脆说他是个疯子。

“我不介意别人说我什么，新时制将实行下去！”这位总统在电视讲话上说，“调整半个小时，就可以让我们的孩子每天都能看见初升的太阳，让他们在一片光明中开始新一天的生活！”

现在有什么样的孩子，将来就有什么样的世界。

把朝阳奉献给孩子，一个民族的生命，就可以每天从最辉煌的时刻开始！

付不起的小费

2004年8月中旬，一支科考队乘船来到亚马逊流域的哈苏里奥克土著部落。一天中午，科考船停靠在离岸约15米的河面，准备开始午餐。

一家土著人的房后长着一棵大树，样子很奇特。一位名叫赫克的队员很想知道它的名字，但船上所有的人都不知道。

河岸边有一位中年妇女正在洗衣服，一个小女孩在旁边玩耍，估计是她的女儿。小女孩看上去六七岁的样子，皮肤黝黑，光着膀子，清晰的肋骨显示出营养不良。

好奇的赫克请随行的翻译帮忙，向那个土著妇女打听那棵树的名字。翻译用土著语高声向河对岸叫喊了几声，接下来，那个正在洗衣服的妇女停下手中的活，抬头看了看船上的人，然后转过身进屋去了。

过了一会儿，她从屋里拿出一个塑料袋，交给身边的女儿。她对小女孩比划着，用手指着塑料袋，又指指船上的赫克和翻译。然后，小女孩跳进水里，左手托着塑料袋，右手奋力地划水，向科考船游了过来。

“她过来一定是索取小费的。”赫克很有把握地对翻译说，因为他事先看过一些资料，知道当地人很穷。于是，他赶紧准备好零钱。

看着小女孩向这边游来，有的人开始担心她的安全，赫克不禁在心中责怪那个狠心的母亲：仅仅为了一点小费，就让这么小的孩子冒险涉水，真是不可思议！他顿时对那个女人产生了一丝鄙夷。

女孩顺利游过来了。她被翻译拉上船时，小脸已经涨得通红。她微微喘着气，把手中的塑料袋交给了翻译。

塑料袋里装着一张小纸条，纸条的一角已经被水浸湿。上面写着这样一行字：我是哑巴，不能说话，我让孩子送来树名——它叫大科里亚树。

听完翻译的话，赫克感到万分羞愧。他愣愣地站在那里，摸了摸口袋里的零钱，又放了回去。面对这个小女孩和她的母亲，他觉得自己和口袋里的硬币都显得那样丑陋。

除非你是在扶别人站起来，否则，任何时候都不要俯视他人！

战斗英雄

比尔·克劳福德是那种默默无闻的普通人，多年来他一直在一个空军学院的营区当看门人。没有人注意他，没有人谈论他，甚至有的人根本不知道他的全名。可是有一天，大家开始主动和他讲话，开始向他投来仰视的目光。

其实，比尔的工作一向完成得很出色，他每天都把营区打扫得干干净净，所有的信件都能按时传给大家。可是大家觉得那是他的工作，并不需要格外注意和夸奖。比尔头发灰白，脸上布满皱纹，和一群稚气未脱的军校学生相比，显得老态龙钟。他还很腼腆，总是埋头干他的事，即使一些毛头小子搅扰了他的安宁，他也绝不埋怨。这种种原因，使比尔被埋没了。

可是后来，一切都变了。1976 年一个秋日的周末，一个学员在阅读教官布置的课外读物时，突然被一段话吸引住了。“1943 年 9 月 13 日，第 36 步兵团的大兵，来自科罗拉多的比尔·克劳福德，参加了意大利奥塔维拉 424 高地上的一场血腥战斗。面对敌军猛烈的压制性火力，士兵比尔·克劳福德不顾个人安危，独立拔掉了敌军 3 个火力点。他于危难中所表现出的勇敢无畏，远远超出了职责的要求。我以美利坚合众国总统的名义……”

“我的天啊!”这个学员读到这里再也抑制不住激动，他对室友说，“真让人难以置信，我们的看门老头原来是个英雄!”大家像看怪物一样看着这个神情激动的学员，但是，当他们终于从书中了解到关于比尔·克劳福德的经历时，他们也开始激动起来。此前他们只知道比尔在“二战”时是一名兽医。

星期一一大早，学员们迫不及待地拿着那本书去找比尔。他看了大家几秒钟，然后打破沉默说：“是的，那就是我。”几个年轻人惊讶得目瞪口呆，好半天才回过神来。“您为什么从来没有跟我们说起过这件事？”比尔想了一会儿，慢慢地说：“那只是我生命中的一天，而且这个故事也太老了。”大家还想继续听下去，可是比尔说，他要去打扫院子了。

那次简短的交谈之后，一切似乎都变了。秘密像野火一样在学生间传开：我们的学校里有一位英雄——他就是看门老头比尔·克劳福德！

那些过去连看都不愿看比尔一眼的年轻士官，现在遇见他时都会满脸敬意地主动问一声：早安，克劳福德先生；那些过去把脏东西全都留给比尔收拾的人，也开始主动做好自己的卫生。学生们还把比尔列为营地正式典礼的必邀嘉宾，每次他总是穿着一套旧式的深色制服出席。唯一能显示出他是一名英雄的，只是一枚不起眼的蓝底勋章。

几乎是一夜之间，大家眼中的比尔从一个名不见经传的小人物变成了亲密的队友。比尔先生也变了，只是要仔细观察才能看出。他的目光更亮了，背也不那么驼了，就连说“早安”也有力多了。

千万要记住，每个人的背后，都会有值得我们尊重的故事。岁月是一张揉皱的纸，有些人故意用它把光荣遮住。

误会

一位农场主驾驶着自家的货车外出办事。在行驶到距家300米左右的时候，刹车闸线断了。农场主回头见妻子正站在家中的门廊里，便大声呼喊，挥手摇臂，想让妻子看到他。

农场主的高声喊叫终于让妻子听到了。他想让妻子把家中放在橱柜里的钳子送过来，但由于距离太远，妻子根本听不清他在说什么。农场主灵机一动，决定给妻子打手势，他认为妻子一定能看明白。

于是，农场主将一只手举过头顶，一握一握的，做出拿钳子的手势；然后又做出推开橱柜门的姿势，接着又比划着盘子的样子。

妻子对他点点头，似乎是说自己明白了意思。

可是妻子却没有进屋去，而是转过身子，拍了拍自己的屁股，还使劲地摇了摇。

“蠢女人，笨女人!”农场主暗自骂道，非常生气地又重新比划了一遍。

让农场主怒不可遏的是，妻子仍然没有看明白，还在那里连拍带摇地比划。

无奈之下，农场主只好怒气冲冲地返回家中，他厉声训斥道：“你这个笨猪，我的手势打得多清楚啊，你竟然看不懂!看不懂就看不懂吧，你还瞎比划什么呀?”

“你才蠢呢，”妻子生气地反驳道，“我早就看懂了，不就是要钳子吗？还告诉我钳子就放在橱柜里。”

原来，妻子看得明明白白。“那为什么没有快去拿来？”农场主纳闷地问道。“我比划得还不够清楚吗？我拍拍屁股，再摇摇屁股，都是为了要告诉你，你座椅下面的工具箱里就有现成的钳子呀。”

——我敢肯定，你那杯饮料一定没有我这一杯好喝。

——你没有喝我的，怎么知道它就不好呢？事实上，我觉得很不错。

我们总习惯站在自己的立场上，要求别人理解，却不愿站在别人的立场上，尝试着理解他人。

换一个角度，你会看见不一样的风景。

人力车夫

拉哈布·萨卡尔昂着头，大步走在马德里的街上。他没带阳伞，但对灼人的烈日毫不在意。布哈拉天生清高，任何时候都按照自己的原则行事。他经常帮助别人，却从不奢求得到旁人的任何恩惠。

拉哈布正走着，一个人力车夫来到他的身边。车夫摇着铃铛问道："先生，您需要车吗？"

拉哈布转过头，发现那个人瘦得皮包骨头，目光里似乎包含着乞求的神情。"只有那些没有人性的家伙才以人力车代步"，这是拉哈布坚定不移的观点，他认为让别人侍候自己简直就是犯罪。

拉哈布用粗布缝制的甘地服袖子擦了擦额头的汗珠，连声说道："不，不，我不要。"说完继续走自己的路。

车夫拉着车子跟在他后面，一路不停地摇铃。忽然间，拉哈布的脑子里闪出一个念头：也许拉车是这位穷汉唯一的生存手段，如果我不雇用他的车，他就没有收入。于是，拉哈布又一次回头看了看那个车夫——天哪，他是那样的面黄肌瘦！拉哈布心里顿时对他生出了怜悯之情。

车夫摇着铃铛，又招呼拉哈布道："来吧，先生！我送您，您要去哪里？"

"去希布塔拉，你要多少钱？"

"6便士。"

“好吧，你跟我来！”拉哈布继续步行。

“请上车，先生。”

“跟我走吧！”拉哈布加快了脚步。

到了希布塔拉，拉哈布从衣兜里掏出6便士，递给车夫，说：“拿去吧！”

“可您根本没坐车呀。”

“我从不坐人力车，我认为那是一种犯罪。”

“啊？可您一开始就该告诉我。”车夫的脸上露出愤慨的神情。他擦了擦脸上的汗，拉着车子转身走开。

“把这钱拿去吧，它是你应得的！”拉哈布高声喊着。

“可我不是乞丐！”车夫拉着车，眨眼间就消失在街的拐角处。

望着车夫远去的身影，拉哈布伫立良久，茫然若失。他不知道自己到底做错了什么。

对待富贵之人，不是难在以礼相待，而是难在能够不卑不亢，保全自己的人格；对待贫贱之人，不是难在施以恩惠，而是难在以诚相待，彼此尊重。

亿万富翁和清洁工

亿万富翁的办公室设在公司大厦的三楼。

他是个傲慢的人，虽然自己曾经贫穷，但当他白手起家成为有钱人之后，就变得骄傲自负。

大厦里有一位负责打扫楼梯和大厅的女清洁工，富翁经常从她身边经过，但从来都不看她一眼。他的头向来抬得很高，心里想的只是怎样赚更多的钱。

有一天，他从办公室出来，正要走下楼梯。在楼梯口的地板上，放着一盆清水和一块肥皂，清洁女工正在擦洗台阶。

富翁像过去那样高昂着头走过来，他抬起腿准备迈向第一级台阶，不巧，他的脚正踩在那块肥皂上面。富翁踩在肥皂上的那只脚向东方日出的方向滑过去，另一只脚则快速向日落的方向滑过去，于是他一下子跌坐在楼梯的台阶上。

他的身体开始快速下滑，每滑一级，楼梯便发出一声粗重的闷响。女清洁工惊恐地站在一旁，无可奈何地看着富翁一级级往下滑落。

终于滑到最后一级台阶，富翁艰难地站了起来。他恼羞成怒，打算立刻开除这名女清洁工。但他犹豫了：一旦把开除她的理由说出来，会不会在公司传为笑谈？

从那天起，他开始密切注意那位清洁女工，每次都带着慎重的态度走过她的身边。他也开始关注其他那些他原来并不在意的人，他害怕类似的意外再次发生。

昂着头走路，不会走得太远。学会尊重，无论是对那个清洁女工，还是那块无足轻重的肥皂。

一堆柴火

斯蒂芬和老伴居住在宾夕法尼亚州的一个农场，这个家族已经在这里生活了150年以上。他们自己养奶牛、养鸡、养鸭，以源源不断地提供鲜奶、鸡蛋、肉食。虽然他们并不富裕，但足以养活自己。

因此，当经济大萧条来临时，他们的生活并没有遭受太大的影响，不仅如此，他们还常常救助一些衣食无着的失业者。

有一天，一个衣衫褴褛却彬彬有礼的男人出现在农场厨房的走廊上，他摘下帽子犹豫地望着主人说，希望能在这里讨一顿午饭。斯蒂芬先生站起来望了他一眼，然后用手指着远处说道："我的粮仓后面有一堆柴火，我正需要把它移到栅栏的另一边，你能在午饭前帮我干完这些活儿吗?"

说着，斯蒂芬老爹把一双破旧的手套递给眼前的陌生人。

斯蒂芬奶奶觉得这样对待客人有些不妥，可是她却发现，这位年轻人听了斯蒂芬老爹的吩咐，眼睛顿时一亮，长满乱蓬蓬胡须的脸上浮出一丝笑意，他几乎小跑着奔向了粮仓。

午饭时间到了，斯蒂芬家的饭桌上另加了一个位子，还多烤了一个苹果饼。吃饭的时候，虽然这位陌生人的话不多，但走的时候他的胸脯却挺得直直的。因为斯蒂芬先生再三感谢他，说他竟然这么快就为自己把柴火搬好了。

不久，又来了一个行乞者。这人穿一身西装，提一只破旧的手提箱。正在修理割草机的斯蒂芬先生，听到脚步声后擦着手出来，打量了一下来者，并和他握了手。来人说他需要喝点水，如果可能的话，他还想吃上一顿热饭。

斯蒂芬先生给他端上一杯热水，然后说："正好在我的粮仓后面有一堆柴火，我正打算把它移动一下。如果你能干这活儿，可真是帮我了大忙。我们很高兴留你一块吃午饭。"

年轻人把提箱放在走廊边，把外衣和马甲叠好摆在箱子上面，就高兴地开始干活了。结果，那堆柴火又从另一边搬回到原来的地方，而年轻人则心满意足地吃了一顿多日没尝过的美餐。

在那段漫长的经济萧条时期，不知道有多少陌生人和他们一块儿吃过午餐，而每个陌生人，都帮助斯蒂芬老爹搬过一次柴火——或者从那边搬到这边，或者从这边搬到那边。

施舍，但给人一个接受的理由，这一份心，远远重于那份美餐。如果在我们施舍财物的时候，却掠夺了别人的尊严，这比什么都不给还要糟糕。

专注

滴水穿石的定力

HARVARD FAMILY INSTRUCTION

一堂试验课

教授步入教室，手中拿着一只烧杯，烧杯中盛着微黄色的液体。这是一堂化学试验课，同学们兴致勃勃地等待着开始。

教授环顾四周，对同学们说："从今天起，我们开始试验课。试验课需要我们做到两点：第一是专心，第二是刻苦。专心要求我们不漏掉任何细节，刻苦要求我们不怕失败和重复。这节课我们只做一个小试验。请大家首先观察我的做法，然后模仿我操作一遍。"

说完，教授左手端着烧杯，右手的一个手指浸入烧杯的液体中，几秒钟后拿出来，再放进嘴里舔一下。教授做完示范后，学生们一一走上来，按照教授的样子进行操作。

等所有的人都完成之后，教授问大家："请问，你们尝到了什么味道？"同学们大声答道："又涩又苦的味道。"教授神秘地笑了一笑，又问："有哪位同学品尝到了不一样的味道？"

好半天没有人说话。教授环顾四周，发现有一个同学神色有点异样，于是指着他说："你有什么不同见解吗？"那个同学迟疑地站起来说："我没有尝到任何味道，我想教授刚才也没有。"全体同学都惊讶万分，只有教授露出了满意的笑脸。

教授告诉大家，这次小实验只有刚才这位"没有尝到味道的"同学得A，其他都是零分。同学们大惑不解，教授有几分得意地说："刚才大家都没有仔细观察我的一个细微动作。我把食指浸入尿液，而放进嘴里的却是中指。"

生活的真相常常在我们不经意中显现，不同的观察者，得到不同的真谛，或者谬误。

人的全部智慧其实最终都归于一点：看清真相！

上帝蒙住了左眼

戈登·布朗出生在苏格兰一个普通的牧师家庭，从小志向远大。但在他高中快毕业时，厄运不期而至。在一场橄榄球比赛中，布朗被踢中头部，视网膜脱落，最终不得不接受左眼失明的事实。

对于一个风华正茂的青年来说，这是何等沉重的打击！那段时间，布朗变得郁郁寡欢，整天躲在屋子里足不出户。父母尝试开导劝慰他，却毫无收效。

恰好，布朗的哥哥约翰从大学回家休假，看到弟弟心灰意冷的样子，心里非常着急，他千方百计地想办法帮助弟弟走出低谷。一天，约翰塞给布朗一把手枪和六发子弹，布朗有些惊奇，小心翼翼地抚摸着手枪，问："这是真枪？"约翰拍着弟弟的肩膀，说："当然！走，我们去比赛射击！"

布朗犹豫片刻，终于起身和哥哥一起出了门。

来到屋后的小山坡，他们将目标定于20米开外的一棵香樟树。约翰率先举枪，眯起左眼瞄准，却连开三枪都没有命中目标。

他把枪交给布朗。布朗前两发子弹也射偏了，有些沮丧，约翰在一旁鼓励："别放弃，你还有一次机会！"这一次，布朗屏气凝神，果然击中了树干。

约翰欢呼着抱住了弟弟，兴奋地说："刚才我努力眯紧左眼，很吃力，所以没有瞄准。你比我有优势，因为上帝替你蒙上了左眼，你可以心无旁骛，专心瞄准目标！”约翰的话，深深打动了布朗。他紧紧握住哥哥的手，感觉浑身重新充满了力量，第二天，布朗便回到学校继续学业。

16岁时，布朗以全优成绩考入苏格兰著名学府爱丁堡大学学习历史，成为该校当时年龄最小的大学生，并最终获得博士学位。

这位热心政治的青年，积极参与各种社团活动，难免会树立一些反对派。布朗的对手们常常借他的盲眼嘲笑他、攻击他，但他总记得哥哥当年的鼓励。在许多次演讲中，布朗激昂而自豪地宣称：“我的左眼是上帝为我蒙上的，就是希望我能专注于我毕生的事业，专注于我的目标！”

眼疾反而增强了布朗奋斗的决心，他迅速在政坛脱颖而出。46岁，布朗当上了英国历史上任期最长的财政大臣，然后他接任布莱尔成为英国首相。

仅仅知道是“上帝蒙住了左眼”远远不够，还应该明白，上帝没蒙住的右眼要用来干什么。

对布朗来说，哥哥为他揭开了一个秘密，他自己发现了另一个秘密。

只有一发子弹

鲍格丹诺夫出生不久，便被父母抛弃了。“鲍格丹诺夫”这个名字的意思是：上帝赐予的。

一位射击教练发现鲍格丹诺夫每天坐在射击场边的台阶上，目光久久地注视着一个方向，便认为他有射击方面的天赋，于是想亲自培养他。但是，教练失望了，当鲍格丹诺夫说出自己的身世后，教练这才知道，鲍格丹诺夫并不是精力专注地看什么，而是在失魂落魄地发呆。

尽管如此，教练出于怜悯没有放弃，他坚持每天让鲍格丹诺夫练300发子弹，对他进行强化训练。谁知鲍格丹诺夫并没有尽心尽力，他只是在漫不经心地应付，很多子弹甚至没射到靶上。

一天，教练把鲍格丹诺夫带到训练场上，这次只给了他一发子弹。教练说：“今天，你只有一次机会，如果射不中靶心，就不许你走出训练场。”鲍格丹诺夫默然半晌，将子弹推进枪膛。他端起枪，又放下，然后慢慢端起，又放下，迟迟不敢射出那一发子弹。最后，他凝神看着目标，足足有十分钟，才扣动了扳机。

“嘭”的一声，弹中靶心！

此后，他每天就射一次，一次只有一发子弹。

1952年，在第15届奥运会上，鲍格丹诺夫获得了大口径步枪300米3×40项目的金牌，成为前苏联第一个奥运会射击冠军。两年后，在世界射击锦标赛中，他又夺得了步枪3×40、自选步枪3×40、跪射、立射、卧射等多个项目的金牌。

上帝没有赐予他美满的童年，却把一个好心的教练带到他身边，而且赐予了他一发子弹，还有每天一次的机会——对鲍格丹诺夫来说，这一切足够了。

诺基亚的成功

芬兰是北欧一个并不显赫的国家，在这个国家的一个小村庄里，有一家名不见经传的木材加工厂。就是这家小小的木材加工厂，经过一百多年的发展，由小到大，终于发展成了一家拥有造纸、化工、橡胶、机械、电子、移动通信等多家子公司的大型企业集团。

1993 年，这家企业的新任总裁下达了一个出人意料的命令：将移动通信公司之外的所有公司都通通卖掉！此令一出，公司上下一片哗然，几乎所有的人都站起来抗议。当时企业的整体年销售额高达 57.8 亿美元，移动通信的利润份额仅占 1/10。

面对汹涌而来的责难声，这位总裁毫不动摇。他的理由是：未来企业的方向应该走专业化发展道路，卖掉其他部门，就可以突出移动网络和移动电话业务的优势，形成核心竞争力。他运用独到的管理措施，对技术和人员结构进行了重大调整，把公司迅速由生产多种产品的综合性企业转变为只生产移动通信产品的专门厂家。

三年之后，该公司在全球移动通信市场的占有率就迅速达到 26.9%，销售额上升至 210 亿美元，在同类企业中名列榜首。到 1998 年，公司产品已经销往 130 个国家，在 10 个国家建厂，在 45 个国家设立销售办事处，全球拥有 4．8 万名员工。

这个公司就是著名的诺基亚公司，而那个曾经面对过无数责骂的总裁，就是约玛·奥利拉。

现在，诺基亚公司的市场份额已经遥遥领先于第二名的摩托罗拉和第三名的爱立信，成为这个行业的龙头老大。而芬兰也因诺基亚的发展成为世界信息强国之一。这一切，都与奥利拉的那一次战略收缩有着十分密切的关系。

孩子是上帝派来的清洁工，
他们负责打扫我们尘封的心灵。

平庸地做很多事，
不如杰出地做一件事。

机会并非越多越好

人们总希望能遇到很多机会。有机会好，有更多的机会更好，这似乎成为共识。可是，美国斯坦福大学和哥伦比亚大学最近各自做了一项实验，实验结果表明，机会太多，反而会造成严重的负面后果。

第一次实验是由美国斯坦福大学一位教授完成的。在规定的时间内，他首先让第一组的 10 个人，从 6 种巧克力中选择自己最喜欢的品种，然后又让第二组 10 个人，在 36 种巧克力中选择自己最喜欢的一种。

当大家选完之后，教授分别对两个小组成员进行问卷调查，了解他们对各自选择的满意度。让教授特别意外的是：第二组成员居然都不满意，认为自己还没有选出最理想的巧克力。

第二次实验是由哥伦比亚大学一位教授在美国一家特大商品超市进行的。

这位教授让工作人员设置了两个美味食品销售点。同样，第一个点有 6 种口味，第二个点有 36 种口味。实验结果表明，第一个仅有 6 种口味的销售点，虽然吸引了不足 80 人，却有 90%的人购买了食品。第二个销售点吸引了近 300 人围观挑选，但仅有 18 人购买，而且最终认为自己的选择并不满意。

在生活中，千万别以为机会越多越好。当你的面前有一条路时，或许你会很坚定地走下去，最终到达了目的地。但当你有很多机会选择时，你会开始犹豫，而机会经常在犹豫中悄悄溜掉。

太多的选择和太多的目标，会把你引上不同的道路。你站在一个个十字路口，除了迷茫，还能做什么？

菲尔德的憾事

在德国巴伐利亚的一座小城里，没有人不知道一位叫菲尔德的钟表匠，因为他的手表做得非常好。有一天他突发奇想，开始研制一款新式样的手表，不但防水，而且自动。

同城的一位叫汉斯·威尔斯多夫的钟表商知道了这个消息，急忙找到了菲尔德。

威尔斯多夫说："菲尔德先生，我聘请您到我的公司来当技术总监怎么样？"见菲尔德半天不吭声，威尔斯多夫又表示，只要出个价钱，他愿意购买菲尔德研制手表的技术。"不，"菲尔德拒绝道，"我不会受眼前利益的诱惑，而放弃自己的追求，我的理想是做出一款世界上最好的手表。"

钟表商人威尔斯多夫没有想到，钟表匠菲尔德的理念居然与自己的如此吻合，但他知道，一旦菲尔德率先研制出了那款手表，自己公司的业务将会受到前所未有的威胁。

怎么办？只有抢在菲尔德之前研制出那款手表，才是公司唯一的出路，但是，菲尔德显然在技术上更胜一筹，要抢在他之前谈何容易？

就在苦无良策的时候，威尔斯多夫得到了一个消息：菲尔德在研制手表的同时，还兼做草帽生意。威尔斯多夫立即让助手去向菲尔德订购草帽。

助手莫名其妙地问道："您要的是他的制表技术，现在却订购他的草帽，我不明白您的意思。"威尔斯多夫微笑着说：

"如果出售草帽的利润超过了一块手表的价值，菲尔德还会费尽力气去研制手表吗?"

果然，菲尔德在收到草帽的订单后，决定将研制手表的事情暂放一旁，而先去赶制草帽了。就在菲尔德为了草帽订单忙得不亦乐乎的时候，威尔斯多夫却夜以继日地研制"防水自动"的新型手表。很快，这款新颖先进的手表问世了，他给那款有着防水和自动功能的手表取名为"劳力士"。

当劳力士手表迅速上市并很快占领市场后，威尔斯多夫才指着自家后院堆积成山的草帽告诉菲尔德，那就是他长期以来的"杰作"。恍然大悟的菲尔德这时已悔之晚矣。

如果菲尔德在失去了"劳力士"之后，干脆继续编织草帽，说不定今天世界上会有一款名贵的"菲尔德草帽"。

不过，既想做"劳力士"手表，又想编织草帽的菲尔德，注定不会有这样的成功。

白色金盏花

美国一个园艺所多年来一直想培育出一种纯白的金盏花，可是没有成功。于是，他们发布一则启事，广泛征求这个花种。

面对高额的奖金，许多人都跃跃欲试。但是，20 年过去了，因为难度太大，没有一个人培植出这种纯白的金盏花。

有一天，园艺所意外地收到一封热情的应征信和一粒色泽饱满的种子，信中称，这是一粒纯白金盏花的种子。

来信的是一位年逾古稀的老妇人，她一生爱花。20 年前，当她看到启事的时候便怦然心动，于是，她撒下了最普通的金盏花种子，开始精心培育。一年之后，金盏花开了，她从那些金色的、棕色的花中挑选了一朵颜色最淡的金盏花，等它自然枯萎后，取出它成熟的种子。

次年，她又把它们种下去，然后，再从这些花中挑选出颜色更淡的花种……日复一日，年复一年，春种秋收，周而复始，老人的丈夫去世了，儿女远走了，生活中发生了很多的事，但唯有种出白色金盏花的愿望在她的心中根深蒂固。

20 年后的一天，她终于在那片花园中看到一朵白金盏花，它不是近乎白色，或者类似白色，而是如银如雪的纯白。于是，一个连专家都解决不了的问题，在一个不懂遗传学的老人长期努力下，最终迎刃而解。

世界上终于有了纯白色的金盏花。

曾经是那么普通的一粒种子，也许很多的手都曾捧过，却因为少了一份心，才使得自己的生命错过了一次最美丽的花期。

等待是一份坚韧的耐心，是一种不懈的追求，即使一粒最普通的种子，种在心里，也能长出奇迹！

会走路的树

南美洲有一种奇特的植物——卷柏。说它奇特，是因为它会走路。为什么植物会走路呢？是因为生存的需要。

卷柏的生命需要充足的水分，当水分不足的时候，它就会自己把根从土壤里拔出来，让整个身体缩卷成一个圆球状。由于体轻，只要稍有一点风，它就会随风在地面上滚动。一旦滚到水分充足的地方，圆球就会迅速地打开，根系重新钻到土壤里，暂时安居下来。

当水分逐渐不足，环境变得不称心如意时，卷柏会继续游走，寻找新的水源。

有人说，卷柏这种游走的能力，可以使它不断获得适宜的生存环境。殊不知，卷柏这种游走也会使它丢掉性命。有时，游走的卷柏会被风吹起挂在树上，那样它就会渐渐地枯死；有的卷柏会滚到大路上，行人和车辆会把它踩扁；有时，游动的卷柏怎么也找不到水分充足的地方，它们就会在寻找中死去……

难道卷柏不走动就不能生存吗？一位植物学家对卷柏做了这样一个实验：用挡板圈出一块空地，把一株游走的卷柏放入空地中水分最充足处，不久，卷柏便扎根生存下来。几天后，当这处空地水分减少的时候，卷柏便抽出根须，卷起身子准备更换地方。

可是实验者并不理会准备游走的卷柏，隔绝一切可能让它游走的条件。不久，实验者看到了一个可笑的现象，卷柏又重新扎根在那里，而且在几次将根拔出，又几次游动不了的情况下，就再也不动了。

实验发现，“绝望”的卷柏会把根深深扎入泥土，而且长势比其他任何时候都好——它第一次发现：其实不用到处游走，只要用心把根扎深，下面总有充足的水分……

我们的思想到处游走，我们的志趣到处游走，我们的梦想到处游走……不把心灵的根扎下去，就一事无成。

名人们

牛顿的天赋并没有明显的超人之处，然而他特别勤奋，学习和研究都专心致志，有时简直到了入迷的地步。他常常一连几个星期都留在实验室里，直到实验完成。

有一次，一个朋友来看牛顿，饭菜摆到桌上之后，他又钻进了实验室。这个朋友等得不耐烦了，就先吃起来，吃过后便不辞而别。

牛顿做完实验后出来，一看桌上的盘碟，自言自语地笑着说："我还以为没吃饭呢，原来已经吃过了！"说着又回到实验室去了。

一天，著名数学家安培在路上边走边思考问题，猛抬头，发现前面有一块黑板，不由喜上心头。他马上掏出一支随身携带的粉笔，把脑中思索的问题一边写下，一边计算起来。

突然，这块黑板向前慢慢移动起来，安培也不自觉地跟着往前移动。黑板移动得越来越快了，这位专心的计算者也不由自主地跟着跑了起来。路上的行人看到这种情形，不禁拍手大笑。

当他实在跟不上而停下来时，发现这并不是什么黑板，而是马车的后背。他望着车背上的公式渐渐远去，遗憾地叹了一口气："唉！可惜还没有算完……"

作家巴尔扎克清晨外出散步时，特地在门上写了几个大字："巴尔扎克先生不在家，请来访者下午光临。"

他一边散步，一边考虑着小说的结构、人物的对话、故事的细节……想着想着，他感到有点饿了，便返身往回走。到了家门口，正要推门，他忽见门上那两行字，便不胜遗憾地说："唉！原来巴尔扎克先生不在家。"说完，转身便走了。

居里夫人小时候学习非常专心，不管周围怎么吵闹，都分散不了她的注意力。

一次，居里夫人正在专心做功课，姐姐和同学故意在她面前唱歌、跳舞、做游戏，居里夫人就像什么都没看见一样，仍然一心一意做自己的事情。

姐姐和同学想试探她一下。她们悄悄在居里夫人身后搭起几张凳子，只要她稍微一动，凳子就会倒下来。时间一分一秒地过去了，居里夫人读完了一本书，凳子仍然竖立在那儿一动未动。

每天都专注于成功，失败就没有机会走近你。

艾伦的信条

9 岁那年的夏天，艾伦来到南达科他州祖父的农场，开始他的第一份工作——到牧场捡牛粪！牛粪被太阳晒干之后，变成一个圆圆的粪饼，撒进地里可以当做粮食和素菜的肥料。

很多小孩子都不愿意做这件事，但艾伦却做得很好。他每天很早起床，吃完饭就开始工作，到中午时，就能捡到满满一推车牛粪。捡牛粪要不断弯下腰，而且手上会染上一股臭味，但艾伦从来没有埋怨过脏和累。

第二年放暑假的时候，艾伦的祖母专门开车来学校接他，并告诉他说："知道吗，艾伦？爷爷打算今年不让你捡牛粪了，他要给你一份新工作，过几天，你就可以骑着马去放牧。因为去年夏天你干得很出色，这是爷爷对你的奖励。"

就这样，艾伦在自己的人生中第一次得到提升，他很开心。一个小小的信念也在他脑袋里生根发芽，那就是：只要认真做事，就能得到奖赏。

后来，艾伦成为一名每星期挣 1 美元的杂货铺帮工，这份工作仍然很艰辛，但是他一如既往地努力认真。不久他就成了收银员，工资涨到每周 3 美元。

大学毕业后，艾伦成为美联社记者，他仍然像当年帮爷爷捡牛粪那样一丝不苟。很多年过去，艾伦终于成了全美阅读量最大的报纸《今日美国》的总裁。

捡牛粪就好好捡牛粪，卖杂货就好好卖杂货。做小事，就是做大事。

贝克汉姆的“秘密武器”

1996年至1997年赛季，在曼联队客场挑战温波尔的比赛中，曼联队的一个年轻队员在中场线附近得球，以一脚远射神奇破门。从此，他走上了一条明星之路，成了能一锤定音的关键人物，并且连续两年在世界和欧洲足球先生评选中名列前茅。

他能够踢出世界上最好的右路传中球，任意球和角球也是世界一流水准，长传球犹如巡航导弹一样精准。加上帅气的外表和冷酷的眼神，使他成为足球场上的“万人迷”。

所有喜欢足球的人都知道，他就是英格兰队的“灵魂”贝克汉姆。全名是戴维·约瑟·贝克汉姆。

当贝克汉姆以令人不可思议的长传脚法一举成名之后，人们一方面极力称赞他的高超球艺，一方面也在努力探究他的这一绝技是如何练成的。

面对记者一次次好奇的提问，贝克汉姆总是笑而不答，这更加引起人们对这一问题的兴趣，纷纷猜测他一定有着不同寻常的“秘密武器”。

在一个非常偶然的机会，这个秘密终于由他的父亲泰迪·贝克汉姆解开了。

一次，在贝克汉姆家里，一位记者用异常神秘的口吻问起贝克汉姆少年时练球的经历，并且再次探究“秘密武器”这个话题。老泰迪听后哈哈大笑起来，他带着记者来到他家的后院，指着远处一棵大树上挂着的一只旧轮胎说：“瞧，看到了吗？

那就是你们说的‘秘密武器’”。

记者用大惑不解的眼神望着老泰迪：“什么，你说什么？你没有搞错我的意思吧？”

老泰迪说：“我怎么会搞错？那就是我儿子小时候练球的武器。他把那个旧汽车轮胎当成球门，日复一日地从不同的角度、不同的距离向那个小孔反复地踢射，从不气馁，从不间断。如此而已。”

真没想到答案竟是如此匪夷所思，却又如此简单，就是说，是一只简陋不堪的破轮胎成就了一个非凡的足球天才。

我们只看得见别人成功的样子，却看不见他们成功之前是什么样子。所以，更多的人只知道羡慕，却不知道努力。

如果我们知道，成就贝克汉姆一世英名的不过是一只旧汽车轮胎，肯定会让很多人感到意外。汽车轮胎没什么特别，汽车轮胎后面的贝克汉姆也没什么特别，可是，凝聚在汽车轮胎和贝克汉姆之间的那段时光却是特别的，是这段时光中发生的一切，造就了这位绿茵场上的英雄。

自制的力量

安德森是一位成功的商人，他的性格十分古怪。一次，他的公司需要新人，安德森就发布一份招聘广告："本公司招聘一位能力特殊的员工，待遇从优。"

很多人都以为自己就是"能力特殊"的人，他们争先恐后地来公司应聘。

卡特是一位刚从大学毕业的学生，他到公司的时候，前面已经来过很多人。

轮到卡特面试了，面试官就是安德森。

"你能阅读吗?"

"能，先生。"

"你能读一读这段文字吗?"安德森把一张报纸放在卡特面前的桌上。

"可以，先生。"

"你能一刻不停顿地朗读下去吗?"

"可以，先生。"

"很好，跟我来。"安德森把卡特带到他的私人办公室，然后把门关上。

安德森把这张报纸重新交给卡特，然后让他不停顿地朗读上面的文字。

朗读刚一开始，就有几只小狗跑到卡特的脚边，不时发出呜呜的叫声。过了一会儿，房里又进来一只小猫，它竟然调皮地跳上了卡特的肩膀。

但卡特没有在意这些小宠物，他继续朗读报纸，就在这只小猫用爪子挠他的耳朵时，他也没有停止下来。

安德森很高兴，他问卡特："你在读报的时候没有注意到脚边的小狗和肩膀上的猫吗？"

卡特答道："对，先生。"

"我想你应该知道它们的存在，对吗？"

"对，先生。"

"那么，为什么你不看一看它们？"

"因为你告诉过我，要不停顿地朗读。"

"你总是遵守你的诺言，并且专心地去实施吗？"

"的确是，我总是努力这样做，先生。"

安德森在办公室里来回走着，突然转过身高兴地说："你被录用了！"

在卡特之前有 73 人面试，但没有一个人成功，他们都没有"不停顿地朗读"，因为他们不时因小猫或小狗的打扰而中断，只有卡特没有。

小心你脚下的那只小狗！当然，你的脚下现在没有小狗，可是你的心里却有。

也许不是小狗，而是你看不见的计较、忧虑和患得患失……它们可比小狗麻烦得多。

小女孩

有一天，一个小女孩正在做功课，这时候，魔鬼来了。

魔鬼要把小女孩抓走。“时辰已到，跟我走吧。”魔鬼说。

“等一下，”小女孩说，“我得先做完功课。”

“好吧，”魔鬼答道，“做功课很重要，赶快做吧！”

魔鬼的样子又丑又疲倦，小女孩让他坐在她的床上，自己继续埋头用功：

5×？=40，5×8=40；3×6=?，3×6=16。

“错了。”魔鬼一直在看着，“应该等于18。”

“没错。16。”小女孩坚持道。

“是18。”魔鬼又说了一遍。

“那你是怎么算出来的?”小女孩问道。

魔鬼很仔细地为她讲了一遍。

“谢谢。”她明白了。

小女孩继续大声地算题，魔鬼在一边听着，不住地点头。

“6×7等于几?”女孩问，“这个我总是忘记。”

“42。”魔鬼告诉她。

“好的。那9×8呢?”小女孩摊开手说，“这个，我们还没学过呢。”

魔鬼想啊想。他实在是太老太累了，很多原来学过的东西都忘记了。

“9×8，我也不知道。”魔鬼不得不承认。

“你以前算术一定非常棒。”小女孩说。

“是啊，”魔鬼说，“我曾经是最好的学生之一。”

“9×8你忘记了，真可惜。”

“嗯，真是不好意思。”魔鬼说道。

“你肯定是只忘了9×8这一道题，”小女孩安慰他，“如果你又想起来了，你就又是最棒的了。”

“是的。”魔鬼说。

“那好吧，”小女孩提了个建议，“我去问问老师，他知道结果。等你明天再来的时候，我告诉你。”

“你真是个好孩子。”魔鬼说着站起身，“那我先走了。”

从走廊那边，传来了魔鬼的声音：“明天，你可一定要跟我走啊。”

“好的！”小女孩嘘了口气，答应道。

第二天的同一时间，魔鬼又来了。小女孩告诉他：“9×8等于72。”

魔鬼想了一想，说：“哦，是啊，等于72！我竟然忘记了。”魔鬼笑了。小女孩接着说：“那你现在又是最棒的了。”

过了一会儿，小女孩说：“老师又给我们留了新的作业，明天要交的。我们走之前，我得把它们写完，我可不想留个不做作业的坏名声。如果你愿意帮我，我们很快就会做完。”

魔鬼只好又帮助她做功课，当然，他们又遇到了难题，连魔鬼也解不出的难题。

后来，魔鬼实在等不及了，就自己走了，而且再也没有来过。

小女孩快乐地长大，直到她长成一位可爱的老太太。

只要你心无旁骛，魔鬼也拿你没办法。

什么都会的鼯鼠

森林里要举行技能大赛，比赛的项目有飞行、赛跑、游泳、爬树和掘洞，动物们纷纷报名参加自己最拿手的项目。

鼯鼠也来了，它要求参加所有的项目。负责报名的乌龟把老花镜摘下又戴上，反复打量着鼯鼠问道："五种本领你都会?"鼯鼠不屑地看看老龟，骄傲地回答说："当然，都会!"

几只叽叽喳喳的小麻雀都闭了嘴，佩服地看着鼯鼠，然后又叽叽喳喳地飞走了，逢人就说："鼯鼠可厉害了，它什么都会!"

比赛开始了，最先比的是飞行。一声哨响，老鹰、燕子、鸽子一下就飞得没影了，鼯鼠扑腾着只飞了几丈远就落了下来，着地时没有站稳，还摔了个嘴啃泥。

轮到赛跑项目，兔子得了第一名，它躺在树下睡了一觉醒来，鼯鼠才跌跌撞撞地跑到终点；游泳比赛，鼯鼠游到一半就游不动了，大声呼喊救命，多亏了好心的鹅把它驮回岸上；开始比赛爬树了，鼯鼠还没爬到三分之一，猴子就已经上到树顶，它还故意把树果子往下扔，吓得鼯鼠慌忙溜下了树；比赛掘洞时，对手是穿山甲，只见它一会儿就钻进土里不见了，鼯鼠还在地面上吃力地刨啊刨，半天才钻进半个脑袋，观众见它撅着屁股怎么也进不去，都哄笑起来……

鼯鼠虽然有五种本领，可是没有一样是精通的，这哪能算是本领呢?

专于一技，方能纵横四海。什么都会，却浅尝辄止，只适于表演，而不适于生存。

W H
HARVARD FAMILY INSTRUCTION
HARVARD
HARVARD FAMILY INSTRUCTION

刚 毅

坚韧不惧的胆识

HARVARD
FAMILY
INSTRUCTION

曼德拉的苔藓

南非前总统曼德拉如今已91岁高龄了。1962年，他因为反对南非的种族歧视而被判入狱，在监狱恶劣的环境中度过了27个春秋。难以下咽的食物，非人的折磨，与世隔绝的孤独……在这漫长的岁月中，他是如何度过那难熬的日日夜夜？

在不足4平方米的牢房里，曼德拉睡的是水泥地，铺的是草垫和剑麻席。尽管他胸怀远大的理想，拥有顽强的意志，可他毕竟也是血肉之躯。死一般的牢狱，绝望像一张无形的魔网，随时都可以吞噬一个人的信心。

为了保证自己能坚持到最后的胜利，曼德拉自入狱那天起就开始与逆境抗争。他的牢房门口有一大块裸露的岩石，每过一段时间，上面就会积一层灰土。于是，他利用放风的机会，用手掌抹掉岩石上的尘土，把它带进牢房。整整用了半年时间，曼德拉在牢房角落收集了巴掌大的一块泥土，随后他不时匀出少得可怜的饮用水浇在土上。

又过了很久，那块泥土终于长出了绿色的苔藓，这久违的绿色是监狱里唯一能朝夕相处的另一个生命。从此，他每天都观察苔藓的成长与变化，每当他孤独难耐、生不如死的时刻，他都会坐在苔藓的旁边，静静地注视它，与它交流。这样待上一会儿，他的心情就会平复如初，重新看到生命的希望和活下去的勇气。

曼德拉活了下来，并被誉为“世界上拥有最强大心灵的人”。

读了这个故事，我们一定会这样想：是一块不起眼的苔藓，成了曼德拉精神的支柱，成了他心灵的慰藉，使他渡过了人生的难关，从而成就了他的顽强，成就了他的伟大！

其实不是这样。这块苔藓的前身，只是一层浮土，是曼德拉赋予了它特殊的生命，并赋予了他特别的意义！

如果你有一颗顽强的心，即使身处荒漠，也能把那里变成绿洲，更别说是一块苔藓！

第九交响曲

1822 年冬季的一天，在维也纳一座庄严肃穆的音乐大厅里，歌剧《费德里奥》正在上演，许多贵族名流都专程前来观赏。但在歌剧进行到一半的时候，观众突然发现，乐队和歌手之间开始出现不协调，而指挥却毫无察觉，他仍站在台上自顾自地指挥着。

观众忍无可忍了，他们开始在台下窃窃私语。指挥发现了，于是他要求乐队和歌手重来，但结果情况更糟。

有人开始高喊："让指挥下台！"

可是，指挥听不到观众在说什么，但是从人们的神情中，他读懂了所发生的一切。

指挥缓缓地从台上走下来，泪水夺眶而出。

在世界音乐史上，这是一个令人难忘的日子：伟大的贝多芬在这一天完全失聪了。

对于一个视音乐为生命的人来说，失去了听力，等于失去了一切。所有的人都预感到，这颗天才的音乐之星将从此陨落。

但是，贝多芬没有向命运低头。双耳失聪之后，他仍然迷恋着音乐。他说："我要扼住命运的咽喉！"——这句话后来成了警世名言。

其实，从 1796 年开始，贝多芬就已经感到听觉日渐衰弱，但是直到 1801 年，当他确信自己的耳疾无法医治时，才把这件事情告诉了他的朋友。但是，对艺术的痴情和对生活的热爱战胜了他个人的苦痛和绝望——苦难变成了贝多芬的力量源泉。

两年后的1824年，贝多芬的《第九交响曲》上演。这首曲子是他完全失聪后写成的，在无法抗拒的厄运之下，他完成了世界音乐史上最辉煌的篇章。

在维也纳演奏《第九交响曲》时，贝多芬听不到乐队的任何声响，但他凭着记忆和特殊的感觉，成功指挥了整场演出。演奏结束，观众爆发出热烈的掌声——但他仍然听不到。

可是，世界听见了贝多芬的音乐，听见了从他心灵深处喷发出来的激情旋律。在他的音乐中，一颗不屈的灵魂永远在跳动。

只要还有音乐，就一定有人记得《第九交响曲》！只要还有苦难，就一定有人记得贝多芬！

当别人把苦难变成泪水的时候，贝多芬把它变成昂扬铿锵的旋律！

抽一半血给妹妹

小约翰与妹妹相依为命。父母早逝，他是妹妹的唯一亲人和精神支柱。然而灾难再一次降临在这两个不幸的孩子身上——妹妹染上重病，需要紧急输血，否则就会死去。但此刻医院内没有匹配的血浆！

万幸的是，约翰的血型和妹妹相配。医生问他，是否愿意为妹妹输血？有没有勇气承受扎针抽血时的疼痛？约翰有点犹豫，8岁的大脑经过一番思考，终于点了点头。

当尖锐的针头插进血管时，约翰安静地不发出一丝叫声，只是向着病床上的妹妹微笑。

抽血完毕后，约翰声音颤抖地问："医生，我还能活多长时间？"

医生一愣，就在这一瞬间，他们被约翰的勇敢震撼了：在8岁的大脑中，他认为输了血就会死去！尽管这样，约翰仍然义无反顾地输血给妹妹。对于他来说，刚才一点头，是下定了死亡的决心，是要付出一生的勇敢。

医生的手心顿时渗出冷汗，他紧握着约翰的手说："放心吧，你不会死的。输血不会失去生命。"

约翰眼中立刻放出了光彩。他说："真的吗？那我还能活多少年？"

医生微笑着，充满爱心地说："你能活到100岁。小伙子，你很健康。"

约翰高兴得又蹦又跳。当他确认自己真的没事时，又挽起胳膊——刚才被抽血的那只胳膊，昂起头，郑重其事地对医生说："那就把我的血抽一半给我妹妹吧，我们两个人都活 50 岁！"

所有的人都震惊了，一个年老的护士禁不住泪流满面。

大人喜欢侵犯孩子们的秘密，因为他们不知道那些看似可笑的小把戏，对孩子是多么重要。

"我还能活多久？"这一声稚弱而无畏的发问，足以让人间多少信誓旦旦的情爱黯然失色！对小约翰而言，他勇敢献给妹妹的不是一瓶血浆，而是一生！

骑师阿卡罗

埃迪·阿卡罗梦想成为世上最伟大的骑师，但只要一看他骑马的样子，就会发现他太笨拙了，这样的现实对他来说有点残酷。阿卡罗总是一出发就落在后面，之后不是陷入重围无法冲到前面，就是磕磕绊绊出现事故。在最早参加的100多场比赛中，阿卡罗从未获得过胜利的机会，但是他从不放弃。

阿卡罗的生活轨道从小学时就注定了。因为他又矮又瘦，同学们都瞧不起他。所以他总是逃学去附近的赛马场，那里有个驯马师允许他骑马玩耍。

阿卡罗的父亲勉强同意他以赛马为业，尽管父亲很清楚，儿子成功的可能性非常渺茫。那位驯马师曾告诉他父亲："送阿卡罗回学校吧，他永远成不了骑师。"

没有人对小埃迪·阿卡罗抱任何希望，除了阿卡罗自己。他发誓，不但要成为骑师，而且要成为世上最伟大的骑师。但前提是有人愿意给他机会。

阿卡罗坚持不懈地争取，终于有机会参加了一场真正的赛马。比赛还没结束，他的马鞭和帽子就全丢了，连他自己也差点从马鞍上坠落。等他跑完赛程，其他的骑师已经在返回的路上了。

此后阿卡罗四处寻找参加赛马的机会，一位马主出于怜悯，答应了他的请求。这位马主坚定不移地支持阿卡罗，尽管阿卡罗在比赛中从未获奖。马主在这个不走运的骑师身上看到了一种东西，一种难以名状的东西，也许是潜力，也许是坚韧，也许只是固执。不管怎样，再也没有人提出要打发他回家。当然，阿卡罗也决不肯半途而废。

漫长的岁月里，阿卡罗始终一文不名，他多次参赛，多次死里逃生，断了几根骨头，许多次他那不足 1.60 米的瘦弱身躯被马蹄践踏，但他总能重整旗鼓回到马鞍上。

不知何时转机出现了。阿卡罗开始取胜，一个胜利接着又一个胜利。失败不再是他的专利，相反，每次他都把失败抛给了对手。

在 30 年赛马生涯中，阿卡罗输掉了 100 多场比赛，但赢得了 4779 场比赛，成为历史上唯一在肯塔基赛马会上五次连胜的骑师。1962 年他退休时已经成为百万富翁，有生之年一直是个传奇人物。

从离开学校踏上赛道那一刻起，埃迪·阿卡罗已经为自己的生命设定了辉煌的终点。尽管这场比赛持续了 30 年，但他从不退缩，直到撞上终点线。

要战胜失败，你身上必须有“一种难以名状的东西”。

成败的含义是这样的：经历了 100 次失败，但你没有坚持到第 101 次，那么你的所有失败就是“失败”；经历了 N 次失败之后，如果你终于在第 N+1 次踏上了成功的疆界，那么原来所有的那些失败都叫“成功”。

不接受拒绝

有一本名为《幸运还是聪明》的小册子，讲述的是青年富豪波·皮巴迪的个人创业史：他如何创立了“三角架”公司，又如何在网络泡沫破灭之前，以6000万美元的价格将它卖给莱科斯公司。莱科斯将这笔钱以公司股票的形式支付给他，在股市遭受重挫之前，皮巴迪又将手中一半的莱科斯股份以3亿美元抛出。那时，他还不到30岁。

皮巴迪究竟是聪明还是幸运呢？

皮巴迪称，自己两者兼而有之。他足够精明，懂得何时出手，何时全身而退。他也有足够的智慧，在学生时代皮巴迪就知道，作为学业并不出色的学生，如何与天资聪颖却不喜欢冒险的优等生共筑未来。

皮巴迪认为，自己最了不起的素质是敢于对命运说“不”，“不”是他生命中一切好运的起点。

皮巴迪中学毕业时，非常想进入威廉姆斯学院，但由于他的成绩不够优秀，连参加考试的资格都没有，面对人生中第一次最大的挫折，他选择了说“不”。皮巴迪在回顾这段经历时，这样描述当时的情形：

“第一次发现自己爱上‘不’这个字，是在我递交大学申请的时候。当时我决定申请威廉姆斯学院，这所学校是全世界入学条件最为苛刻的高等学府之一。假如有一千人征询自己的辅导员是否可以申请威廉姆斯，最后会有一百人经过认真考虑准备申请，有五人正式提出申请，最终只有一名幸运儿得以进入。入学申请能否被接受？对我而言是百分之百毫无希望的。

果不其然，我收到了一个薄薄的信封，里面找不到学校几时开学、住怎样的宿舍、室友是谁之类的信息，取而代之的只是精心构思的委婉措辞，假如单刀直入，删去一大堆华丽辞藻，无非就是一个字：不。

我需要改变这个现实。我决定来一个大胆直接、标新立异的尝试。我打听到了招生委员会副主任的电话，他叫科尼利厄斯·雷福特。我打电话给他，对他说：‘你好，我叫波·皮巴迪，我不接受你们的拒绝。’

电话那头是长长的沉默。‘对不起，你能再说一遍吗？’好久之后，雷福特说。

‘我想进威廉姆斯学院，’我继续说，‘恕我冒昧，我认为招生委员会犯了个错误，我想跟你们一起纠正这个错误。我正式向你提出，我不接受你们的拒绝。我一定会进入威廉姆斯学院，可能不是今年，但总有那么一天。我不着急，我有的是时间，我打算每年向你们递交一份申请，直到你们接受。’

又是长长的沉默。

过了好一会儿，对方清了清喉咙，说：‘我很欣赏你的态度。我想我从没接到过这样的电话，那么让我们来看看能做些什么吧。’”

最后，这位副院长果然“做了些什么”，那一年，波·皮巴迪如愿以偿地成了威廉姆斯学院的学生。

你对命运说一百次“No”，它就会开始对你说“Yes”。

谁会放弃

美国一个著名的篮球教练，被聘执教一支成绩很差的大学球队，这个球队因为刚刚连输了 10 场比赛而解雇了原来的教练。

新教练给队员灌输的观念是：“过去不等于未来”，“没有失败，只有暂时的挫折”，“过去的失败不算什么，这次是全新的开始”。

然而，第 11 场比赛打到中场时，该队还是落后了 30 分。休息时，每个队员都垂头丧气，教练问道：“你们要放弃吗？”球员口头上都表示决不放弃，可肢体动作表明，他们已经承认失败了。

于是，教练开始发问：“各位，假如今天是篮球之神迈克尔·乔丹连输 10 场，在第 11 场又落后 30 分，他会放弃吗？”

队员们答道：“他不会放弃！”

教练又问：“假如今天是拳王阿里被打得鼻青脸肿，但在钟声还没有响起、比赛还没有结束的情况下，你们认为，拳王会放弃吗？”

队员们答道：“不会！”

“假如美国发明大王爱迪生来打篮球，他遇到这种状况，会不会放弃？”

队员们回答：“不会！”

接着，教练问他们第四个问题：“在类似的情况下，米勒会不会放弃?”

这时全场非常安静，有人举手问：“米勒是谁?”

教练带着一脸淡淡的微笑说：“这个问题问得非常好，因为米勒以前在比赛的时候选择了放弃，所以你们从来就没有听说过他的名字!”

结果他们打赢了那场比赛。

所谓坚持，说到底就是和时间进行的一场战斗。

你输了，不是因为你注定要输，而是你承认自己会输。相反，如果你成功，也不是必然如此，只是因为你认定自己会赢!

不要忘了把我的手带上

约翰·汤姆森虽然并没有做出什么惊天动地的事业，却成了美国人心目中的青少年楷模。

18岁的约翰·汤姆森是一位美国高中学生，他住在北达科他州的一个农场。一天，汤姆森独自在父亲的农场里干活，当他在操作机器时，衣袖不慎被绞在机器里，两只手臂被切断。

汤姆森忍着剧痛跑了400米来到一座房子里。他用牙齿打开门闩，爬到电话机旁边，但是无法拨电话号码。于是，他用嘴咬住一枝木棍，一下一下，终于拨通了他表兄的电话，他表兄马上通知了附近的有关部门。

明尼阿波利斯州的一所医院为汤姆进行了断臂再植手术，一个半月后他便回到自己的家里。不久，汤姆森就能微微抬起手臂，并能到学校上课了。

美国人为什么喜欢汤姆森呢？有的说他聪明，用木棍打电话，还会用嘴开门。有的说，因为他热爱劳动，人们都喜欢勤劳的人。还有的说，他身体一定很棒，不然早没命了。

一位学者概括了这些人的回答，人们除了佩服他的勇气和忍耐力外，还有他那种独立理性的精神。

汤姆森的故事里还有这样一个细节：他拨通电话之后，就用一根细绳把断臂绑住，从而避免了让更多的血流失。救护人员一赶到，就马上把他抬上担架。临行前，汤姆森冷静地告诉医生：“请不要忘了把我的手带上。”

从容地和不幸碰面，然后从容地转身；从容地接受一切，再从容地开始新的生活。

卡勒斯的星空

他生来便双目失明，但他却成为美国寻找外星生命的科学家。

1949年，肯特·卡勒斯生于俄克拉荷马州，因为出生时视网膜受到破坏，天生失明。面对残酷的现实，卡勒斯的父母没有丧失信心，他们经常告诉卡勒斯：你能够做到一切！这句话成了他战胜失败与挫折的法宝。

小时候，卡勒斯最喜欢自行车比赛，他说："这很容易做到，从来没有人说过盲人不能骑车。"一次，他同邻居的孩子赛车，卡勒斯一听到"跑！"的口令就一下冲到前面，结果撞到了一辆停在路旁的卡车上，顿时口流鲜血。小伙伴们个个大惊失色，可卡勒斯却平静地挣扎着站起来，第一句话就是："我赢了！"

为了让儿子拥有正常的生活，父母没有将卡勒斯送到特殊儿童学校，而是决定让他进入普通学校和正常孩子一起学习，但是，俄克拉荷马州的公立学校不愿接收卡勒斯。父母四处想办法，听说加利福尼亚州的一所学校可以接纳失明儿童，于是，卡勒斯的父亲辞掉公司的工作，将全家搬到了加州的坦波城。

小卡勒斯不仅能够同健全的孩子们一样上学，而且一直是出类拔萃的全优学生，直到现在，卡勒斯二年级时的老师露丽斯·布里肯仍记得他："有一天，我们正在操场上做操，卡勒斯说，老师，有一架飞机飞过来了。我说，在哪儿呢？我怎么什么也看不到，什么也听不到？一会儿，真有一架飞机从我们头上飞了过去。卡勒斯露出了得意的笑容。”

25 岁时，卡勒斯编出一套计算机程序，通过这个程序证实，国家宇航局在太空舱安装雷达系统的计划是不经济的。国家宇航局对此非常重视，并很快取消了原定计划。几年之后，他们破例雇佣了卡勒斯。

现在，卡勒斯已成为国家宇航局最重要的科学家之一，他的课题是用电子学的方法“观察”星空。每一个星球，包括太阳，都会发出辐射光和无线电噪声。卡勒斯把一台特别设计的计算机连接在射电望远镜上，把视觉图像变为能用手触摸到的撞击运动。这样，他就可以用手指感觉到图像。

另一台计算机可以用语言读出屏幕上显示的文字和数据。进行无声通讯时，卡勒斯可以关掉话筒，把手指放在一排像微型多米诺骨牌一样的键盘上，键盘上下跳动，打出盲文，使卡勒斯立刻得到他所需要的资料。

由于没有常人先入为主的视觉干扰，卡勒斯有时可以发现健全的人无法发现的星际关系。他说：“我的大脑将所有数据都变成三维图像，我可以想象出真实的东西是什么样子。”

一个两眼失明的人看见了宇宙，而双目明亮的人却看不清脚前的方向。那么，健全的人究竟失去了什么？

魔鬼的工具

魔鬼发布了一则广告：他要出售一些“有用”的工具。

他制造的工具品种多样，包括憎恨、嫉妒、怀疑、欺骗、傲慢等等，他把这些自己使用过的工具都明码标价陈列出来，供人们挑选。

其中有一件工具看起来很破旧，但标价最高，它被孤零零地放在一边。

“这是件什么工具？”一个买主问。

“哦，”魔鬼说，“它的名字叫气馁。”

“为什么它的价格这样高？”

魔鬼意味深长地笑了笑，说：“因为这是件最有用的工具。对于人类来说，它的力量无法估量。每当其他工具不能达到摧毁一个人的目的时，我就用这件工具撬开他的心。一旦我占据了他的心，就能完全地控制他，彻底将他击败。所以我几乎在所有人的身上都使用过它，以至于把它磨得很旧了。”

魔鬼给气馁的定价太高，始终没能卖出去。其实，他并不想把它卖掉，有了这个工具，他可以无往而不胜。

魔鬼的工具很坚硬，但他只进攻空虚脆弱的城堡。

让你久等了

1941年，一个年轻的日本男孩被迫从军，不得不与她的未婚妻分手。

在此之前，他们每次约会总在一棵大树下见面，那个男孩因为工作关系，每回总是迟到。每次他迟到后的第一句话就是："对不起，让你久等了。"但那女孩总是笑着对他说："还好，我也没等很久。"

那男孩起先以为是真的，后来有一次他提前到达，却故意在一旁躲了一个小时才过去，没想到，那女孩一样露出微笑对他说："没关系，我没等多久。"他这才知道，不管他迟到多长时间，女孩总是为了不让他尴尬而体贴地骗他。

他们最后一次临别的时候，还是相约在这棵树下。他们约定，将来如果找不到对方，就记得到这棵大树下等候。

时光荏苒，二十几年过去了，那个男孩没有回来，因为他流落到了韩国，他曾在战场上被弹片击中大脑失去了记忆。十多年过后，他才慢慢想起原来的往事，但此时他已经在韩国娶妻生子。他相信，他的未婚妻一定以为他已经死了。

又过了5年，他的韩国妻子因病去世，于是他带着一颗忐忑不安的心回到日本。

怀着那段刻骨铭心的旧情，他一下飞机就驱车前往那棵旧时的大树。出租车飞驰到他描述的地方，眼前出现的是繁华喧闹的街道和高楼，哪里还有大树呢？

他唯一的记忆停滞了。他站在那里长时间地发呆。

正想离开时，他忽然看到不远处有个小摊，他走上前准备买一包烟。那个蹲在地上的老人缓缓抬起头，刹那间，两人的目光闪电般交汇在一起——这个摆摊的妇人竟是昔日的未婚妻！

他满眼的热泪顿时夺眶而出，只用了几秒钟，他就整理出了答案：她一定是怕他回来找不到，又不知他会什么时候回来，才决定在这个地方摆摊子等候他。

他不禁思绪万千，一时不知该说什么才好，于是习惯性地对她说了句："对不起，让你久等了……"

她照样还是给他一个微笑——像多年前一样："还好，我也没等多久。"

爱，可以让地狱里的花，开在天堂。

爱可以让沉重变得轻盈，让泪水变成微笑，让一生的守候成为须臾的伫立。

千岁兰

纳米布沙漠是世界上最古老、最干燥的沙漠之一，它起于安哥拉和纳米比亚边界，止于奥兰治河，沿非洲西南大西洋海岸延伸2100公里。纳米布沙漠被艾塞布干河分成两个部分，南面是一片浩瀚的沙海，北面是多岩的砂石平原。

纳米布沙漠年均降雨量不足25毫米，有时甚至数年滴雨不下。只有大西洋的阵阵风暴，每月会给这片沙漠带来五六天的浓雾。想象中那该是一片荒凉的不毛之地，然而，就在这砂石平原上，却生长着一种神奇的植物——千岁兰。

作为纳米布沙漠上独有的植物，千岁兰的根一部分深深扎入砂石中，一部分裸露在地表。它有一对皮革般的带状叶子，长的可达3米多。这种半似松树球果、半似绿色花卉的植物，顶端还生长着如同枸杞一般的红果……

在那酷热的沙漠戈壁中，干旱时常威胁着千岁兰的生命。因为缺水，千岁兰宽厚的叶片便会渐渐枯萎，看起来就像一堆破布条。炎炎烈日下，风沙不停地抽打着千岁兰，荒凉的沙漠中，挺立的千岁兰常常成为动物的美食……

如此恶劣的条件下，千岁兰的生命纵然不会短暂如昙花一现，大概也经不起岁月的几番轮回吧。可事实却让人目瞪口呆——千岁兰的寿命竟然长达2000年！

这是怎样一种神奇的植物！干旱的日子里，肆虐的狂风中，千岁兰任烈阳酷晒，任动物吞噬，而它自己所能做的，只是默默地忍耐、坚忍地等待，等待着雨水的降临。无雨的季节，千岁兰伸展开长长的叶子，尽情吸纳雾气与露水，然后贮存起来，用来渡过生命中的难关……

著名植物学家韦尔威特希考察纳米布沙漠时，面对千岁兰曾感慨万端："我坚信这是南部非洲热带中，生长得最美丽、最壮观、最崇高的植物，是非洲最不可理解的植物之一。"

沙漠上的千岁兰，让我们肃然起敬。人类常常自诩为万物灵长，可我们何曾拥有过千岁兰一般柔韧而顽强的生命？工作的挫折、生活的窘迫、情感的失意都能成为放弃自我的理由，然后日渐消沉……我们却忘了，在那个数年滴雨不见的沙漠里，千岁兰却骄傲地挺立着，用茁壮的枝叶和蓬勃的气势，淋漓尽致地诠释着生命的美丽，最终成就了一段千古传奇。

一株植物尚且活得如此努力而顽强，人有什么理由放弃自己？面对千岁兰，我们还有什么需要埋怨？面对千岁兰，我们还有什么值得骄傲？

执著的拜访

科尔曾经是一家报社的职员。他刚到报社当广告业务员时，对自己很有信心，他向经理提出：不要薪水，只按广告费提取佣金。经理答应了他的请求。

于是，科尔列出一份名单，准备去拜访一些特别的客户，这些客户都是以前的业务员没有说服的强硬人物。

在拜访这些客户前，科尔把自己关在屋里，站在镜子前，逐一把名单上的客户大声念10遍，然后自信地说：“你们一定会向我购买广告版面！”

科尔怀着坚定的信心去拜访这些人。第一天，他和20个“不可能”客户中的3个达成了交易；在第一个星期的另外几天，他又做成了两笔交易；到第一个月的月底，20个客户中只剩一个没有买他的广告。

在第二个月里，科尔没有去拜访其他客户，他把全部精力都用到那个拒绝买他广告的客户身上。每天早晨他一打开办公室，科尔就进去和他交谈，而每次交谈的结果，都得到同一种回答：“不！我不买你们的广告版面。”每一次，当这位商人说“不”时，科尔就假装没听到，以后继续前去拜访。

那个月的最后一天，对科尔已经连着说了30次“不”的客户问他：“你已经浪费了一个月的时间来请求我买你的广告。我现在想知道的是，你为何要坚持这样做？”

科尔说：“我并没浪费时间，我是在学习，而你就是我的老师。我一直在训练自己坚忍不拔的毅力。”那位商人点点头，接着科尔的话说：“我也向你承认，我也在向你学习，你已经教会了我‘坚持到最后’这一课，对我来说，这比金钱更有价值。为了向你表示我的感激，我要买你的一个广告版面，当做我付给你的学费。”

科尔完全凭着自己的韧性达到了成功的目标。而在我们的生活和事业中，往往正是因为缺少这种精神，才使我们和成功失之交臂。

人们经常说“坚持到最后”，可是，什么时候才是“最后”？“最后”可能就是下一刻，也可能是永远。所以，“坚持到最后”的行为既是动人的，也是悲壮的。

无数事实证明，唯有那些能“坚持到最后”的人，才有机会和成功见面。

瑞典孩子的答卷

学生的试卷中有一道阅读题，大概内容是讲一位猎人怎样在狩猎过程中，一边教儿子狩猎技巧，一边教儿子做人的道理。文章后面列出了几个思考题，让学生回答。题目并不难，但一位来自瑞典学生的答案，却引起了老师的惊讶。

这个瑞典孩子的答案是：请老师原谅，我不喜欢这个故事，我拒绝回答和它相关的任何问题。老师既生气又不解，他为什么会有这样奇怪的态度呢？老师问，你为什么不喜欢这篇文章？瑞典孩子毫不掩饰地说，他们全家都是动物保护主义者，他反对狩猎。

老师恍然大悟，她觉得孩子的想法很好，就笑着说，你的观点没有错，可这篇文章是想从另外一些方面给我们以启发，你完全不必要拒绝回答问题呀！再说，我们是想从中学到一些做人的道理，这和你的动物保护思想没有多少冲突啊！瑞典孩子非常认真地说，老师，我反对您的观点，连动物保护都做不到，还谈什么做人的道理呢？

看来这个瑞典孩子很“固执”，老师又委婉地对他说：这只是一段小故事，也许你想得有些复杂了。

“不！我想得并不复杂，其实很简单，这篇文章触犯了我的原则。”瑞典孩子坚定的话语，让老师颇感震撼：这个孩子有自己的原则，而且不愿违反这种原则——即便是在老师面前！

正义的坚守往往艰难，但正义却可以给坚守者以信心和勇气，因为正义就是力量的化身。

信念

托举灵魂的翅膀

HARVARD FAMILY INSTRUCTION

为生命画一片树叶

琼西是一所艺术学校毕业的学生，她和好朋友苏珊，连同很多其他穷困潦倒的画家们一起，租住在华盛顿广场西边的一个小巷里。

冬天到来的时候，肺炎开始侵袭这个潮湿狭窄的小巷，好几个人被这种可怕的疾病打倒了，琼西也成了不幸者之一。

琼西整天躺在靠窗的小铁床上，脸色苍白，双眼无神地看着对面墙壁上的常春藤发呆。医生说，只要她自己有信心，她的病是可能痊愈的。但是，琼西已经失去了信心，她不再愿意服药，也不想吃东西，甚至连洗脸、梳头这样的事也不想做了。她每天在那里数着常春藤上的叶子，从 50 片到 20 片，再到 10 片。

寒风摧毁了一切，常春藤上的叶子也一日日凋零，最后只剩下三四片了。琼西悲伤地对苏珊说："等最后那片叶子落下的时候，我恐怕也要离开这个世界……"苏珊想尽办法宽慰她，可是琼西一句也听不进去。

琼西一天天地等待常春藤上的叶子落尽，一天天等待着死亡来临。

经过了又一个寒夜的风吹雨打，墙上还剩下一片叶子，它是常春藤上最后的一片叶子。靠近茎部仍然是深绿色，可是锯齿形的叶子边缘已经枯萎发黄，它傲然挂在一根离地二十多英尺的藤枝上。

“这是最后一片了……”琼西喃喃地说，“我以为它昨晚会掉落的。我听见风声很大，料想今天我也会死的。可是……”

可是这片叶子始终没有被吹落。

只因为生命中的这片绿，琼西找回了自己的信心。她想，这一定是上帝的暗示，是上帝不让她离去，于是，琼西重新振作起来。当春天来临的时候，她奇迹般地康复了。

原来，在她们的楼下，住着一个年老的画家，当他知道了琼西的状况后，决定为她做一件事。有一天夜里，老画家冒着寒风爬到对面布满常春藤的墙壁上，在琼西刚好可以看到的地方，用自己的画笔画上了一片叶子。

有时候，人可能会脆弱到不如一片叶子。那么，就在我们的心底保存一片绿叶吧，无论多么寒冷，都不要让它凋零；无论处境多么艰难，你都要相信，它依然在那里。

伞在哪里

一个夏天，干旱威胁着小镇上所有农作物的生命。在一个炎热的周日，镇里的牧师告诉所有来做礼拜的群众："除了祈求下雨外，没有任何办法能救我们。现在请大家都回家祈祷，下周末回到教堂做礼拜时，做好感谢上天为我们普降甘霖的准备。"

所有的人都按牧师说的做了。周末大家高兴地来到教堂，牧师却一看到他们就勃然大怒："今天我们不用做礼拜了，因为你们根本就不相信今天会下雨。"

所有的人都反驳道："我们都已经祈求上帝了，我们真的相信今天会下雨。"

"你们真的相信吗？"牧师问道，"那你们的伞在哪里？"

很多人心中都有理想，但很多人都不为实现理想做任何准备，更不用说为之奋斗。因为，他们根本就不相信自己会成功！

所以，有理想还不行，你必须相信这个理想！

活下来的彼得

一架客机在大沙漠里坠落失事，仅有 11 人幸存。

沙漠白昼的气温高达五六十摄氏度，如果不能及时找到水源，幸存的人很快就会渴死。

这 11 个人中，有大学教授、家庭主妇、政府官员、公司经理、部队军官……此外，还有一个叫彼得的傻子。

他们一起出发去找水源。

大沙漠仿佛是个魔鬼，不断地同这些可怜人开着玩笑——他们先后 3 次欢呼狂叫着，冲向水草丰茂的绿洲，那绿洲却无情地向后退却，退却，直至消失。

是海市蜃楼！

次日中午，当他们又一次被海市蜃楼愚弄后，所有人都躺倒了，除了傻子彼得。他不解地问别人："那个水塘不就在这里吗？为什么不见了？"

好心的家庭主妇告诉他："彼得，认命吧，那不是水塘，那只是海市蜃楼。"

彼得不管什么海市蜃楼，他只是渴得厉害，他只是想要喝水。他吃力地朝前爬去，不管别人的嘲讽和劝阻。终于，他攀上了一座 50 多米高的沙丘，突然高兴得手舞足蹈，兴奋地嚷着："水塘，前面有一个水塘！"

这次，没有一个人回应他，包括那个善良的家庭主妇。

彼得什么也顾不上了，他越过这座沙丘，欢叫着消失在沙丘的另一边。

“可怜的傻子，他疯了……”大学教授嘟哝了一句。

可是，彼得听不见他们的议论，此刻他的心中只有那个水塘。又接连翻过了两座沙丘，几十分钟后，彼得爬到了水塘边。

这一次，不是海市蜃楼。

3天后，当救援人员找到他们时，那10个人已经死了，有的尸首已被沙土掩埋。只有水塘边的彼得安然无恙。

救援人员把彼得带到遇难者身边，询问他是怎么回事：这些人何以会死在距离水塘不到一公里的地方？

目睹伙伴们的惨状，彼得哭了。他抽泣着说：“我告诉他们那边有个水塘，但他们不相信我的话，说那是海市蜃楼。我相信不是海市蜃楼，就拼命跑过去……”

彼得瞪着他那双泪汪汪的大眼，虔诚地望着救援人员。

只要生命还能够奔跑，就决不要让它倒下。哪怕追逐的是海市蜃楼，也胜过绝望地放弃。

人生的栏杆

约兰达·巴拉斯出生于罗马尼亚一个贫困的家庭，母亲患有精神分裂症，父亲嗜酒好赌。无人管束的巴拉斯，整天像男孩子一样四处疯跑，跟人打架，还一度染上偷盗的恶习。

12岁那年，一个名叫威尔逊的跳高运动员决定教巴拉斯练习跳高。她胆怯地问："威尔逊先生，我真的能像你一样成为跳高运动员吗?"威尔逊反问道："为什么不能?"巴拉斯说："可是，我的母亲有病，我的父亲是个酒鬼……"

威尔逊长久地注视着巴拉斯，然后问她："这些和你跳高有什么关系?"巴拉斯被问得张口结舌，威尔逊接着说："不要将坏家境变成你的阻力和借口，让它成为你上进的动力吧!"

威尔逊给巴拉斯架了一个1米高的栏杆，她跳过去了。威尔逊将那根横杆撤下来，让巴拉斯再跳，这一次，她只跳了0.6米。威尔逊说："你看，这根栏杆就是你苦难的家境，有了它，你反而跳得更好。如果你不信，我再将栏杆加到1.2米，你一定还能跳过去。"巴拉斯咬了咬牙，真的跳过了1.2米!

巴拉斯从此获得了自信，两年后，她跳过了1.51米。1956年夏天，19岁的巴拉斯跳过了1.75米，打破了世界纪录。

从1956至1961年的5年间，巴拉斯14次刷新世界纪录。1960年罗马奥运会上，她以1.85米的成绩获得一生中第一枚奥运金牌。1961年，巴拉斯再创世界纪录，越过了被誉为"世界屋脊"的1.91米，她自己也成为载入运动史册的"女飞鹰"。

贫困、灾难和挫折，这一切都是我们面前的栏杆，它令我们畏惧，常常使我们放弃。

但很多事实证明：栏杆越高，人就跳得越高——栏杆让我们的生命得到升华。

跨越了栏杆，就跨越了命运。

希望

如果，认识一位新朋友，还能令你兴奋和快乐，那么，你仍然拥有希望。

如果，你愿意向他人伸出关爱的双手，那么，你仍然拥有希望。

如果，收到一封意料之外的贺卡或者信件，还能带给你开心的惊讶，那么，你仍然拥有希望。

如果，他人的不幸仍能令你痛苦和悲悯，那么，你仍然拥有希望。

如果，你拒绝让一份友谊走向黑暗的峡谷，那么，你仍然拥有希望。

如果，你还在寻觅一个静谧的时间和地方用以沉思，那么，你仍然拥有希望。

如果，你还会买装饰品、做圣诞树、烹饪火鸡，那么，你仍然拥有希望。

如果，你还爱观看爱的故事，并期望着一个圆满的结局，那么，你仍然拥有希望。

如果，你回顾过去，还会微笑，那么，你仍然拥有希望。

如果，你面临糟糕的境地，又被告知你的努力已经白费，你还能以“尽管如此，但是……”的句式结束对话，那么你仍然拥有希望。

希望是如此奇妙的东西，它会弯曲，会变形，有时候还会隐藏，但它却很少会折断。当我们陷入困顿、意欲放弃的时候，是它在支撑着我们，给了我们艰难前行的勇气。即使是在最暗淡的地方，它也能发出耀眼的光亮。它虽然异常珍贵，却毫不吝啬，在每个人身上都能找到它。

所以，无论任何时候，都不要轻易将希望放弃。

果实向来不会落在离树太远的地方。

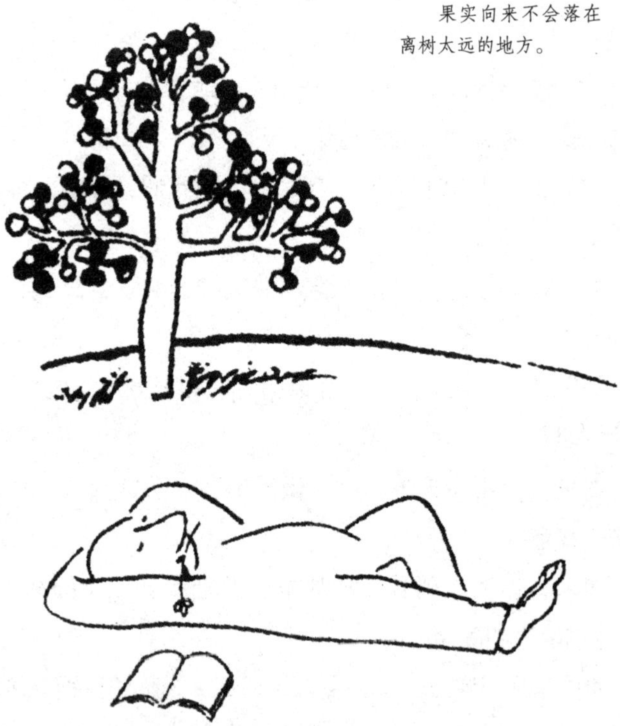

如果你读完这篇文章，马上情不自禁地要把它推荐给10个朋友，说明你仍然拥有希望……

不要仇恨世界

传媒大亨比尔小时候是个报童，靠卖报养活自己。那时候，大街上的报童有菜园里的蚂蚁那么多，大家你争我抢，那些身材瘦小的报童根本争不到地盘。比尔就因此常常挨揍，吃尽苦头。从炎热的夏日到冰封的隆冬，比尔总是在人行道上叫卖。小小的年纪，他已学会愤世嫉俗。

一个暮春的下午，一辆电车拐过街角停下。比尔迎上去，准备通过车窗卖几份报纸。车正要启动的时候，一个胖男人站在车尾踏板上叫道："卖报的，来两份！"

比尔迎上前去送上两份报纸。这时车开动了，那个胖男人举起一枚硬币，咧着嘴只管坏笑。比尔追着叫喊："先生，给钱！"

"你跳上踏板我就给你。"他哈哈大笑着，把那个硬币在两个掌心里搓着。

车子越开越快。比尔把一袋报纸从腋下转到肩上，纵身一跃想跨上踏板，不幸脚一滑，仰面摔倒在地。他正在爬起，后边一辆马车"吱"的一声挨着他停下了。

车上坐着一位手捧玫瑰花的妇人，她眼里噙着泪花，冲着电车骂道："这该死的东西，可恶！"然后，又俯身对比尔说："孩子，我都看见了，你在这儿等着，我就回来。"随即对马车夫说："杰克，追上去，宰了他！"比尔爬起来，擦干眼泪，认出拿玫瑰花的妇人就是电影海报上的大明星梅欧文小姐。

10分钟后，马车转回来了，梅欧文小姐招呼比尔上了车，然后对马车夫说："杰克，给他讲讲你都干了些什么。"

"我一把揪住那家伙，"杰克咬牙切齿地说，"左右开弓把他的眼睛揍了个乌青，又往他太阳穴补了一拳。报钱也追回来了。"说着，他把一枚硬币放在比尔的手中。

"孩子，你听我说，"梅欧文小姐抱着比尔的肩膀，"你会不会因为碰到这种坏蛋，就把所有的人都看坏？世上坏蛋是不少，但大多数都是好人——像你，像我，还有杰克。我们都是好人，是不是？"

许多年后，当比尔又一次品味杰克的痛快描述时，他才忽然开始怀疑这个传奇：只那么一会儿，能来得及追上电车，还痛痛快快地揍那个坏蛋一顿吗？

不错，马车甚至连电车的影子也没追着，它在前面的街角拐了个弯，调过头，便又径直向孩子赶来，向一颗受了伤、充满怨恨的心赶来。

比尔向他的同人说："谢谢上帝，艰难困苦是好东西，我感激它。不过，我更要感激梅欧文小姐，感激她那天的火气、她眼里的泪花和她手中的玫瑰，因为这些我才没有沉沦，没有一味地把世界连同自己一起憎恨。我相信了善，相信了世界的美好，所以我才有今天。"

慢慢地把怨恨埋掉，让内心充满爱，你就会听见大地温柔的心跳。

把花朵种进孩子的心里，让他们的人生溢满芳香。

每个人都可以活下去

胡安是一个普通邮差，但是，他始终坚信自己的使命并不只是传递信件。胡安口袋里总是装着许多的小纸条，上面写着一些话。诸如“享受成功每一天”、“何不笑口常开”、“别再怕麻烦”、“有你，别人是幸福的”……他将信件和电报送到人们手中的同时，也把这些纸条分别留给他们。

转眼之间，第二次世界大战爆发，胡安一心想从戎报国，然而，因年龄偏大无法如愿。于是，他自告奋勇地来到野战医院，做了一名志愿者。

残酷的战争夺去了许多人的生命，胡安眼看着许多战士绝望地离去，而自己却无能为力，心中不禁无限酸楚。有一天他有感而发，在医院墙壁上写下了一句话：“每个人都可以在这里活下去!”起初，大家对此普遍反感，因为越来越多的人死在医院里，这句话好像是在嘲讽。

不知道过了多少时日，伤员、医生、护士都无意中记住了墙上的这句话，说来也奇怪，渐渐地医院里死亡的伤员越来越少。对此，许多人都感到不可思议。

有一天，院长为大家揭开了奥秘，他说，奥秘就是胡安写在墙上的那句话。正是这句话，给了伤员们巨大的鼓舞和信心，让他们坚强地活了下来；也正是因为这句话，医生和护士更加尽力地给予病人最精心的医治和护理。因为这句话在潜意识中给了他们积极的启示和鞭策。

有时候仅仅是一句简单的话，也能唤起生命的滚滚春潮，这就是信念的力量。她像一缕微不足道的轻风，一旦吹拂在萧索的心田，就能解冻生命的万水千山。

儿子在等着我

1989 年，美国洛杉矶地区发生大地震，在不到 4 分钟的时间里，有近 30 万人受灾。

在混乱和废墟中，一个年轻的父亲安顿好受伤的妻子，便冲向他 7 岁儿子上学的学校。眼前，那个昔日充满孩子们欢声笑语的三层教学楼，已变成一堆废墟。

他顿时感到眼前一片漆黑，嘶声大喊："阿曼达，我的儿子！"跪在地上大哭了一阵后，他猛地想起自己常对儿子说的那一句话："不论发生什么，我总会跟你在一起！"他坚定地挺起身，向那片看起来毫无希望的废墟走去。

他每天早上送儿子上学，知道儿子的教室在楼的一层左后角，他疾步走向那里，开始动手。

在他清理挖掘时，不断有其他孩子的父母急匆匆地赶来，看到这片废墟，他们痛苦地大哭大喊，哭喊过后，都绝望地离开了。有些人上来拉住这位父亲，好心劝慰他：

"太晚了，他们已经没救了。"

"这样做无济于事，回家去吧！"

"冷静些，你要面对现实。"

这位父亲双眼直直地看着这些好心人，问道："你是不是来帮助我？"没人给他肯定的回答，于是他便埋头接着挖。

消防队长挡住他："太危险了，随时可能发生起火爆炸。请你离开。"

这位父亲问："你是不是来帮助我？"

警察走过来："你很难过，难以控制自己，可这样不但不利于自己，对他人也有危险，马上回家去吧。"

"你是不是来帮助我？"

人们都摇头叹息，默默走开，认为他精神失常了。

这位父亲心中只有一个念头："儿子在等着我。"

他挖了 5 小时，10 小时，15 小时，20 小时……没人再来阻挡他，他满脸灰尘，双眼布满血丝。

终于，他听见底下传出了孩子的声音："爸爸，是你吗？"

是儿子的声音！父亲大喊："阿曼达！我的儿子！"

"爸爸，真的是你吗？"

"是我，是爸爸！我的儿子！"

"我告诉同学们不要害怕，说只要我爸爸活着，就一定会来救我们，因为他说过'无论发生什么，我总会和你在一起！'"

"你现在怎么样？有几个孩子活着？"

"我们这里还有 14 个同学，都活着，我们都在教室的墙角。房顶塌下来架了个大三角梁，我们没被砸着。我们又饿又渴又害怕。现在好了……"

父亲向四周呼喊："这里有 14 个孩子，都活着！快来人！"

阿曼达活下来了，另外 14 个孩子也都活了下来。那个父亲跪在地上，血和泪一起从手上、脸上流淌下来。

坚持的理由就是坚持，放弃的理由不过就是放弃！

当谁也不知道结局的时候，我们的态度就设定了结局。

三个工人

建筑工地上，有三个工人在砌一面墙。

一个人走过来，好奇地看着他们工作。

他问第一个人："你在干什么？"

第一个人没好气地说："你没看见吗？在砌墙！"

那个人又问第二个人："你在干什么？"

第二个人抬头笑了笑说："我们在盖一幢高楼。"

那个人又去问第三个人："你在干什么？"

第三个人扬起手，擦掉额上的汗珠，凝视着远方说："我们在建造美丽的家园。"

十年后，第一个人在工地上砌墙，他成了技术工；第二个人坐在办公室画图纸，他成了工程师；第三个人，是他们的老板。

仅仅为一块骨头而生活，就永远只是一条卑微的小狗。

心有多远，路就有多远。

昂起头真美

珍妮是个总爱低着头的小女孩，她一直觉得自己长得不够漂亮。

有一天，珍妮到饰物店去买了一只绿色蝴蝶结，店主告诉她："你戴上蝴蝶结真是漂亮极了。"珍妮有点不信，但她感到很高兴，第一次高高昂起头，激动地冲了出去，差点把一个进门的老太太撞着了。

珍妮走进教室，迎面碰上了老师。"珍妮，你昂着头走路真美！我希望你一直这样。"老师爱抚地拍了拍她的肩膀，同学们都欣赏地看着她。

那一天，珍妮得到了许多人的赞美。她想，一定是蝴蝶结的功劳，是这个蝴蝶结让自己变得漂亮了。下午她一回家，就立刻去照镜子，可是，她发现自己头上根本就没有蝴蝶结！

珍妮非常沮丧，赶忙一路找到学校，路上没有她的蝴蝶结；她又找遍教室，教室里也没有。最后，她决定再到饰物店看看，也许是掉在那条路上了。

"珍妮，过来一下。"就在她快到饰物店的时候，店主在门口叫住她，"早晨你慌慌忙忙跑出去，你的蝴蝶结掉落在门口，难道你一点都不知道吗？"

珍妮谢过了店主，接过蝴蝶结。但她再也没有戴它，因为她突然明白了，并不是蝴蝶结改变了自己。这一整天的赞美和自己的好感觉，其实都和蝴蝶结没有关系！

在珍妮丢掉了蝴蝶结的时候，是什么让她博得了赞美？

最好的装饰品，原是发自心底的自信。

岩缝里的种子

有一粒种子，是一粒很不起眼的酸枣树的种子，它和一大车种子一起被一个农场主买走了。它想，今后我将过着无忧无虑的生活，“吃”着上好的肥料，“喝”着山顶流下的甘泉，主人将守护着自己健康成长……可是没有料到，命运却开了个玩笑，它却成了不幸的一个。由于司机的疏忽，拉种子的车在路上绊了一块石头，就那么颠了一下，这粒种子被甩了出去。

它掉进了岩缝中，岩缝荒凉而坚硬。它不奢望哪一天主人会突然想起自己，那么多种子，主人哪里知道它？于是，它开始萌生一个念头：“活下去！我要活下去！”这是它唯一的希望。

它感到身体下方似乎有一点潮湿，并且可以吮吸到一点水分。感谢上天，水给了它一线生的希望。它便坚持不懈地天天吮吸着，身体也一天天膨胀起来。

一天清晨，它突然感觉到风的温馨，“啊，我长出了小芽！”此时它心潮澎湃，啊，我总算活下来了，一个新生命一定会受到关注吧！它想。

“嗨，姐姐快来看，石缝里冒出来了一个小芽！”一个小姑娘嚷道。“那只是野草！”姐姐心不在焉地笑着。种子很想大喊一声：“为什么？为什么看不起我？”于是，它便又坚定了一个信念：“活下去，并且要活得很精彩！”

它又开始了新的拼搏。挑战来临了，雨点打击着它，洪水淹没了它，它挣扎着，飘摇而顽强；烈日炙烤着它，云雾缠绕着它，它承受着，安详而坚韧。狂风来了，它咬紧土地。野兽踩踏过后，它就从活着的根上重新生长。终于，它的身体一天天强壮起来。

几年过去了，它竟然长成了一棵树。虽然高不足丈，但也果实累累。空气中有草木的芬芳，枝叶间有阳光的抚慰，枝头上有鸟儿跳来跳去。生命终于有了自己的一方天地。

这时，两位女子走来了。“嗨，姐姐，那不是你说的野草么？怎么……”

姐姐顿时脸色绯红：“……它竟然长成了一棵树？”

“你看，叶子上的露水多么晶莹剔透！”妹妹惊喜地叫道。

姐姐抬起头望着远方，紧锁着眉头，惭愧地说道：“我想，那是它的眼泪。”

妹妹指着树说：“不！眼泪是悲观者的饰物，这是上天赏给它的珠宝。”

树很高兴，它发誓，决不能辜负上天的恩赐——我要让自己长成一棵最高大、果实最多的酸枣树……

不努力，你就是一株小草；努力了，你就会变成一棵树。

逆境在给你坎坷的同时，也给了你坚强，只不过，有的人接受了坎坷，有的人只接受坚强。

大地因你而动

11 岁的女孩安琪娜患上了一种危及神经系统的严重疾病。她不能自如行动，只能终日以床为伴。医生称，她几乎没有康复的可能，这辈子或许再也无法自己下床，除非出现奇迹。

在旧金山的一家医院里，安琪娜被安排做康复训练，她在训练中表现出的不屈不挠，给医生们留下了深刻的印象。医生在对她进行物理治疗的同时，还对她进行了精神治疗，要求她经常想象自己能够行走自如。

精神治疗法与物理治疗法一样，也需要病人付出艰辛，因为这种精神想象毕竟十分乏味枯燥。但是，安琪娜一直顽强地坚持着，对未来充满了信心。

一天，安琪娜像往常一样想象着自己的正大踏步往前迈进，这时，奇迹发生了：她的床动了起来！接着，整个房间动了起来！她激动地惊叫道："瞧，我做到了！我做到了！"

与此同时，整个医院里的人都在惊叫，一些医疗仪器倒了下来，许多窗户玻璃裂成碎片。现在我们知道，那一天旧金山发生了地震。但是，医护人员没有告诉安琪娜真相，他们让安琪娜相信，她真的做到了。

安琪娜不顾一切地跳下床，发现自己站立起来了！

一年后，安琪娜终于能够行走，而且重新回到了课堂。

一个小女孩，相信世界在因她而动，这是一个多么感人的念头！

在这个缺少激情的世界，相信奇迹比发生奇迹更难。

她站起来了，因为她相信了。

黑人州长

罗杰·罗尔斯是美国纽约州历史上第一位黑人州长。他出生在纽约声名狼藉的大沙头贫民窟，这里环境肮脏，充满暴力，是偷渡者和流浪汉的聚集地。出生在这里的孩子，因为耳濡目染，从小就逃学、打架、偷窃，长大后很少有人从事体面的职业。然而，罗杰·罗尔斯却是个例外，他不仅考入了大学，而且成了州长。

经常有人好奇地问罗尔斯：“是什么力量把你推向州长的宝座?”因为，那时的人们根本不能相信一个普通的黑人可以当上州长。罗尔斯并不对这样的发问表示惊讶或愤慨，他总是耐心地对别人讲起小时候的一段经历，特别要提起他的小学校长——皮尔·保罗。

1961年，皮尔·保罗被聘为大沙头诺必塔小学的董事兼校长。当时正是美国嬉皮士流行的时代，他走进诺必塔小学的时候，发现这里的孩子贫穷而且顽劣，他们不与老师合作，甚至砸烂教室的黑板。皮尔·保罗想了很多办法来教育他们，可是没有奏效。后来他发现这些孩子都很迷信，于是在他上课的时候就多了一项内容——给学生看手相。他用这个办法来巧妙地引导学生。

有一天，当罗尔斯从窗台跳下，高扬着小手走向讲台时，皮尔·保罗说：“小伙子，请把你的手伸给我。”皮尔·保罗很认真地看着罗尔斯的掌纹，然后以毋庸置疑的口吻说：“我一看你修长的小拇指就知道，将来你就是纽约州的州长。”

罗尔斯大吃一惊，因为长这么大，只有他奶奶让他振奋过一次，说他可以成为5吨重小货船的船长。这一次，皮尔·保罗先生竟说他可以成为纽约州的州长，着实出乎他的预料。罗尔斯记下了这句话，并且相信了它。

从那天起，“纽约州州长”就像一面旗帜，高高飘荡在罗尔斯的心上，他的衣服不再沾满泥土，说话时不再夹杂污言秽语。他开始挺直腰杆走路，开始用自信的目光关注周围的一切。

在以后的40多年间，罗尔斯没有一天不按州长的标准要求自己。51岁那年，他终于成了州长。

在就职演讲时，罗尔斯说：“信念值多少钱?信念是不值钱的，它有时甚至只是一个善意的谎言。然而你一旦坚持下去，它就会迅速增值。”

信念不仅给我们提供动力，而且还提供方向。它既让我们知道要做什么，还让我们知道为什么这样做。

如果一个人根本不知道自己要驶向哪个港口，什么样的风对他都是不利的。

看起来有几分天真的大人，一定是善良而且多少怀有一些梦想的人。

一壶细沙

有一年，一支英国探险队进入撒哈拉沙漠的某个地区。烈日下，漫天飞舞的风沙像炒红的铁石一般，扑打着探险队员的面孔。

口渴似炙，心急如焚——大家的水都没了。一种绝望和不安立刻笼罩着所有人的心。这时，探险队长拿出一只水壶，坚定地说：“这里还有一壶水，但穿越沙漠前，谁也不能喝。”

一壶水，成了穿越沙漠的保证，成了求生的寄托。水壶挂在队长的肩上，看着那沉甸甸的感觉，大家濒临绝望的脸上，又露出了欣喜的神色。

终于，探险队顽强地走出了沙漠，挣脱了死神之手。

当一个队员颤抖着手拧开水壶的盖子时，缓缓流出来的不是水，却是一壶细细的沙子！

绝望才是真正的绝境。只要给心一份希望，生命就依然站立。

上帝的答复

汤姆是一名年幼的孤儿。2003年圣诞节，他在美国加州的塞尔西孤儿院给上帝写了一封信。

上帝：您好！

您知道我是一个听话的孩子。可是，您昨天给了哈里一个爸爸、一个妈妈，而您连一个姨妈都不送给我，这太不公平了！

汤姆

这封写有“上帝亲启”的信，最后被转给了神学博士摩罗·邦尼先生，他是《基督教科学箴言报》专门负责替上帝回信的特约编辑。

摩罗·邦尼博士接到汤姆的信，马上就明白了：哈里被人领养了，而汤姆没有，他还留在孤儿院里。

如何答复汤姆呢？摩罗·邦尼博士知道，最直截了当的办法，就是找一家愿意领养孩子的人，然后秘密地办理领养手续，待一切办好之后，给汤姆回信，说：汤姆,我的孩子！我真有点疏忽大意了，像你这样好的孩子，是不应该没有爸爸妈妈的，明天我一定给你送去。

对于一个孤儿，上帝真的会这样答复吗？摩罗·邦尼博士心里非常矛盾。他想，对于一个从小失去依靠的人，要想让他知道上帝是公平的，决不能用这种办法。经过深思熟虑，他给汤姆回了这样一封信——

亲爱的汤姆：

我不期望你现在就读懂这封信，不过我还是想现在就告诉你，上帝永远是公平的。假若你认为我没有送给你爸爸妈妈是我的不公，实在让我感到遗憾。我想告诉你，我的公平在于免费向人类提供了三样东西：生命、信念和目标。你知道吗？你们每个人的生命都是免费得到的，到目前为止，我没让任何一个人在生前或生后为他的生命支付过一分钱；信念和目标同生命一样，也是我免费提供给你们的，不论你生活在人间哪一个角落，不论你是王子还是贫儿，只要想拥有它们，我都随时让你们拥有。孩子，让生命、信念和目标成为免费的东西，这就是我在人间的公平所在，也是我作为上帝的最大智慧。但愿有一天，你能理解。

你的上帝

这封信后来被登在《基督教科学箴言报》上，成为上帝最著名的公开独白，同时也使很多人第一次真正认识了上帝。

也许在你的人生中，看到许多不公平的现象，会产生不公平的念头。请不要悲观失望或怨恨痛骂，我们要做的是：珍惜我们的生命，坚定我们的信念，向心中的目标努力前进。这是贫穷、弱小、灾难都阻止不了的，我们每个人都拥有这样公正的机遇和权力，只要我们不放弃。

拥有了生命、信念和目标，不就拥有了一切吗？

上帝把春天送给花园，至于谁开得灿烂，则要靠花朵自己。

钓鱼

一天，父亲带着7岁的儿子去钓鱼。他们布好鱼线便回船舱准备晚餐。

过了一会儿，他们估计鱼上钩了，便出去收线，果然钓到了几条鱼。“我知道会有鱼上钩的，爸爸。”男孩说。

“你怎么知道？”父亲问。“因为我祷告了。”

他们在鱼钩上挂好鱼饵后，重新把鱼线投入水中，便回船舱去吃晚餐。晚餐后，他们去收线，又钓到几条鱼。

“我就知道会钓到鱼的。”孩子说。“为什么？”父亲问。“因为我又祷告了。”

他们把鱼钩投进水中后回到船舱。睡觉前他们又去看是否有鱼上钩，但是这次一条鱼都没有钓到。

“我早就料到这次不会有鱼上钩。”孩子说。“这次你又是怎么知道的？”父亲问。儿子说：“这次我没有祷告。”

“那这次你为什么不祷告呢？”父亲诧异地问。

儿子笑了：“因为这次我们忘了在鱼钩上挂鱼饵。”

祈祷可以给你成功的信心，但不会直接把成功递给你。

如果没有播种，就不要等待收割。

珍惜

天地厚賜的钟爱

HARVARD FAMILY INSTRUCTION

哈佛图书馆训言

1.此刻打盹，你将做梦；而此刻学习，你将圆梦。

2.你荒废的今日，正是昨天离世之人祈求的明日。

3.觉得为时已晚的时候，恰恰是最早的时候。

4.勿将今日之事拖到明日。

5.学习时的痛苦是暂时的，未学到的痛苦是终生的。

6.学习这件事，不是缺乏时间，而是缺乏努力。

7.幸福或许不排名次，但成功必排名次。

8.学习并不是人生的全部。但既然连人生的一部分——学习也无法征服，还能做什么呢？

9.请享受无法回避的痛苦。

10.只有比别人更早、更勤奋地努力，才能尝到成功的滋味。

11.谁也不能随随便便地成功，它来自彻底的自我监控和毅力。

12.记住，时间正在流逝。

13.现在流淌在嘴角的口水，将成为明天流淌在脸上的眼泪。

14.狗一样地学，绅士一样地玩。

15.今天不走，明天要跑。

16.投资未来的人是忠于现实的人。

17.受教育程度代表收入。

18.一天过完，不会再来。

19.就在你停下来的这一刻，对手仍在不停地翻动书页。

20.没有艰辛，便无所获。

时间和机遇像一匹奔马，如果你没能骑上去抓住它的鬃毛，就只能站在四蹄扬起的尘土中，遥望它远去的背影。

节俭的“沃尔玛”

在美国一个无名小镇，萨姆·沃尔顿靠5000美元小额资本起家，几十年如一日地含辛茹苦，在最古老、最平凡的零售业，创造了一个世人皆知的响亮名字——“沃尔玛”。

萨姆·沃尔顿，1918年出生在俄克拉何马州的金菲舍镇，父亲托马斯·吉布森·沃尔顿一生没有固定职业，当过银行职员，经营过农场，做过保险代理人和不动产评估员。在20世纪30年代大萧条期间，老沃尔顿一连几个月找不到工作，为了度过那段艰难的日子，沃尔顿的母亲开了一家小牛奶店。萨姆·沃尔顿帮着母亲挤奶、装瓶、送奶，以每加仑1角钱的价格把牛奶卖给十几个订户。靠着这点菲薄收入，全家人在穷困中挣扎。

从小学起，萨姆·沃尔顿就开始半工半读，每天早晨上学前先挨家挨户送报纸和杂志，每送一份报纸赚5分钱。沃尔顿的报童生涯长达十几年，他用自己挣的钱支付了中学和大学的全部费用。由于这一经历，他深知每一分钱都来之不易，从不乱花一分钱。

萨姆·沃尔顿的弟弟巴德·沃尔顿与哥哥共同经历了同样艰苦的童年，最后也共同走向富裕。这位身价不菲的弟弟兼合伙人曾说：“当马路上有一便士硬币时，谁会把他拾起来？我敢打赌，我会，我知道萨姆也会。”公司员工曾在萨姆·沃尔顿即将走过的路上扔下一枚硬币，看他会不会拾起——亿万富翁萨姆·沃尔顿果然弯腰把它捡起来。萨姆·沃尔顿并不贪图一枚小钱，而是养成了珍视每一分钱的习惯。

美国人喜欢用创业者的姓氏为公司命名。“沃尔玛”本应叫“沃尔顿—玛特”（Walton-Mart），但沃尔顿在为公司定名时，把制作霓虹灯、广告牌和电气照明的成本全都计算了一遍，他认为省掉“ton”三个字母可以节约很大一笔钱，于是只保留了“WALMART”七个字母——它不仅是公司的名称，也是创业者节俭品德的象征。如果全世界4000多家沃尔玛连锁店全都节省几个字母，那么整个沃尔玛公司在店名、广告、霓虹灯方面就会节约一笔不小的费用。

沃尔玛有一个规定，高级管理人员出差只许乘坐二等舱，住双人间，连萨姆·沃尔顿本人也不例外。当公司总资产达到100亿美元时，他出差依然住中档饭店，与同行人员合住一个房间，只在廉价的家庭饭馆就餐。他还常常亲自驾驶小货车把商品送往连锁店。

和别的富豪不同，萨姆·沃尔顿从没有买过一艘豪华游艇，更没有买下一座专供自己度假的小岛。每当他看见其他公司的高级雇员出入豪华饭店，毫无顾忌地挥霍公司钱财时，总是感到不安，他认为奢侈只会导致公司的衰败。

正是由于萨姆·沃尔顿自幼养成了节俭习惯，他才能在经营百货店时千方百计节省开支，降低成本，用一轮接一轮的价格战击败竞争对手，建立起庞大的连锁销售帝国。

上帝让我们拥有该拥有的，让我们得到该得到的，所以，节俭是一种有节制的享受，是一种高贵的谦卑。

当世界上只剩下最后一滴水、最后一桶石油、最后一片草地和最后一棵树的时候，我们才会知道节俭的意义。

金色的房子

每个人的内心都有一座辉煌的金殿，因为我们看不见它，就向外面的世界寻求。

所以，我们有时会自卑、会嫉妒、会失落、会迷茫。其实，我们所羡慕的，我们都有。

有一个男孩，住在一座高山上，群山将他和周围的村庄都隔开了。每天太阳还没出来的时候，小男孩就早早起床干活，一直忙碌到晚上。

日出的时候，男孩喜欢爬到自家屋后的山顶，在那里，他可以望见远处一幢金色的房子。他想，如果能住在那座房子里，该有多好啊！“那儿有闪闪发光的窗子，有金碧辉煌的屋顶，屋子里面一定还有其他令人意想不到的好东西……”于是，男孩暗暗发誓，一定要亲自到那里去看看。

有一天，男孩的父亲没有给他分配农活，于是，趁这个空闲的机会，他兴冲冲地上路了。

男孩翻过几个山头后，开始意识到，实际的路程比他想象的要远。不仅如此，最终他发现自己犯了个错误，因为在他接近目的地时，并没有金色的房子存在，映入眼帘的却是一座普普通通的泥房，先前看起来闪闪发光的窗户，不过是木头做的，金色的屋顶也只是用茅草搭成。

失望之余，男孩有些困惑，于是他去敲这户人家的门。里面出来一个跟他年纪相仿的女孩，男孩问她是否看到了一幢金色的房子，女孩一听乐了：“原来你也知道！”她于是领着男孩爬到她家的屋顶，手指着远处说：“瞧，在那儿，我天天都能看到。”

顺着女孩手指的方向望去，在落日的余晖中，远处果然有一幢闪着金光的房子，那正是男孩早上离开的地方——他自己的家！

捍卫生命

美国和墨西哥有几千公里长的边境线，几乎每天都有来自墨西哥的非法入境者偷越边境，进入美国。

为了国家安全，美国动用了很多警力，试图阻止这种非法行为。然而，一个名叫胡佛的美国人，却在边境地区建立了若干个供水站，旨在“拯救”那些“招人憎恨的非法移民”。

原来，越境者偷越边境线进入美国后，面临的是浩瀚的亚利桑那大沙漠，很多人因为承受不了高温的煎熬而渴死，侥幸存活下来的人，大多也会患上肾衰竭等疾病。

有一次，胡佛开车经过这片沙漠时，恰巧碰到了一对奄奄一息的母子，他们越境进入沙漠时，只带了一瓶水。干渴面前，这位母亲让儿子喝下了那瓶水，而自己却永远倒在了沙漠里。

这一幕深深震撼了胡佛，为了避免更多的越境者渴死在越境的路上，胡佛在沙漠里建起了一个个水站。从此，胡佛每天都开着装满水的卡车行驶在广袤无边的沙漠中，给每个水站蓄满足够的饮用水，以满足偷渡者的救命之需。

胡佛还绘制了一份沙漠地图，将水站位置、美国边境检查站的灯塔以及经常发生意外的危险地段清楚地标明，并在地图上呼吁：“别这么干，没有水，就是死亡！”然后，他把绘制的地图散发到墨西哥和其他中美洲国家。

胡佛的做法，引起很多美国人的强烈批评，他们认为，沙漠里的水站直接帮助了那些非法移民。有些人辱骂他，有的人威胁他，还有人甚至要起诉他。面对这一切，胡佛却平静地说："作为一个美国人，我也憎恨那些偷渡者。但是，我不愿意看到他们无辜地死去。我拯救的不是偷渡者，我拯救的是生命。我有义务尽自己的力量，捍卫生命的权利。"

任何生命，都值得我们弯下腰去欣赏、去关怀。

世界上有各种各样的人，各种各样的物种，但没有各种各样的生命。所有的生命都是同质的，无论何时何处，它们都应该得到一样的敬重。

一生最重要的人

故事发生在美国的一所职业大学。

快要下课时，教授对同学们说："我和大家做个游戏，谁愿意配合我一下？"一位女生走上台。教授说："请在黑板上写下你难以割舍的20个人的名字。"女生照做了。有她的邻居、朋友、亲人等。

教授说："请你在这20个人中划掉一个你认为最不重要的人。"女生划掉了一个她邻居的名字。教授又说："请你再划掉一个。"女生又划掉了一个她的朋友。教授说："请你再划掉一个。"女生又划掉了一个……

最后，黑板上只剩下了三个人，她的父亲、丈夫和孩子。

教室里一片沉默，同学们静静地看着教授，感觉这似乎已不再是一个游戏了。教授严肃地说："请再划掉一个。"

女生迟疑着，艰难地做着选择……她举起粉笔，划掉了父亲的名字。"请再划掉一个。"身后又传来了教授的声音。她惊呆了，颤巍巍地举起粉笔，在丈夫和儿子之间反复犹豫着。终于，她扔下粉笔跑回座位，伏在桌上哇的一声哭了。

教授等她平静下来，问道："你愿意把题目做完吗？"

女生抬起头缓慢地说道："对不起，教授，我无法完成这个游戏，而且前面的选择我也宣布作废。因为，我无法把他们中任何一个人从生活中划掉。"

没有什么是无足轻重的。但我们常常把拥有的东西看得无足轻重。

人生最大的痛苦是：当你发现你拥有什么的时候，却是你就要失去它的时候。

克利夫太太的玫瑰

在一个平凡的小镇上，有一道美丽的玫瑰花墙——它足有半人多高，每到春天便开满了美丽的玫瑰花，它是这家的男主人克利夫先生在世时种植的。

克利夫太太是一个脾气很坏的女人，她常常和克利夫先生为了一些琐事争吵不休。克利夫先生去世后，她的脾气更坏了，而且经常自己生闷气，因此镇上的人都尽量避免招惹她。

一个阳光明媚的午后，克利夫太太正坐在院子里小憩，玫瑰花墙上缀满了美丽的玫瑰花。突然，她被一阵窸窸窣窣的响声惊醒，睁眼一看，玫瑰花墙外有人影闪过。克利人太太厉声喝道："是谁？站住！"那人站住了——是个孩子。克利夫太太又喝道："过来！"那个孩子慢慢挪了出来。克利夫太太认出他是7岁的小吉米，住在街对面拐角处的一个穷孩子，他的身后似乎藏着什么东西。

"那是什么？"克利夫太太问道，小男孩犹犹豫豫地把身后的东西拿了出来——一朵玫瑰花，一朵已经快要凋谢的玫瑰花，那耷拉着的花瓣显示出它的虚弱。

"你是来偷花的吗？"克利夫太太严厉地问道。小男孩低着头，局促不安地搓着衣角，一言不发。克利夫太太有些不耐烦了，她挥挥手说："你走吧！"这时，小男孩抬起头来，怯生生地问道："请问，我可以把它带走吗？那是一朵快要凋谢的玫瑰花，似乎轻轻一碰，花瓣就会落了……"

克利夫太太有些奇怪。“那你先告诉我你要它干什么？送人？”

“是……是的，夫人。”

“女孩子？”

“……”

“你不应该送给她这样一朵玫瑰花。”克利夫太太的语气温和了些，“告诉我，你要把它送给谁？”吉米迟疑了一会儿，用手指了指不远处的一个阁楼，那是他的家，低声说，“我妹妹……”克利夫太太这才想起，吉米有一个5岁的小妹妹，一生下来就有病，一直躺在床上。

“你妹妹？”

“是的，夫人。”

“为什么？”

“因……因为妹妹能从床边的窗户看到这道玫瑰花墙，她每天都出神地看着这里。有一天，她说：‘那里就是天堂吧，真想去那里闻闻天堂的气味啊！’”

克利夫太太怔住了——天堂？这里——低矮的木屋？从前，自己整天与克利夫争吵，不停地抱怨这低矮的木屋、破旧的家具、难看的瓷器……自己无数次埋怨这里简直是可怕的地狱，而对克利夫种植的玫瑰花更是从未留意过。自己究竟错过了什么？错过了多少？

天堂，原来可以如此接近！

回望一下自己，我们的身边有没有一朵被忽视的玫瑰？

还是少一点

一位老奶奶和她的小孙子在海滩上散步。

小孙子跑到靠近海水的地方寻找贝壳，奶奶就站在远处张望着。突然，意想不到的事情发生了，一股巨大的海浪涌上海滩，冲向孩子玩耍的地方。

海水退去了，可爱的小孙子却不见了。

老奶奶对着天空高喊道："我的上帝！你怎么能这样残忍？难道我不是一个称职的奶奶吗？难道我不是一个虔诚的教徒吗？难道我没有救济他人吗?难道我每个星期五晚上没有点上蜡烛祈祷吗？难道我所做的一切，没有让你感到自豪吗?上帝呀，请你把我的孙子还给我!"

海上只有轰隆隆的海浪声，四周一片寂静。过了一会儿，又一个巨浪向海滩袭过来，把老奶奶的裤子都溅湿了。

当海水退去后，绝望的奶奶惊喜地看到，小孙子居然站在她的脚边！他正面带微笑望着大海，除了身上和头上湿淋淋的，别处都毫发无损，似乎什么也没有发生过。

老太太摸了摸孙子的头，忽然她显得又不高兴了。这时，一个天使从头顶飞过，一个声音从天空中传来："上帝已经送回了你的孙子，为什么你还是不满意呢?"

老太太怒气冲冲地回答道："他的头上本来还有一顶小红帽呢!"

生活中有两个悲剧：一个是，你的欲望得不到满足；另一个是，你的欲望得到了满足。

父亲的零花钱

下面这篇小文章，曾经发表在美国南方一份很普通的杂志上，后来，被很多报刊转载，因而成为一篇有名的佳作。

童年时，我们最盼望星期六早晨的到来，那是爸爸给我们几个孩子发零花钱的时间。在指定的时刻，我们在家门口的橡树下排成一队，看着父亲手里捏着一把零钱，从屋里走出来。

我们都会得到同样数量的钱，无论年龄大小。我至今仍记得这样的一幕：父亲坐在树下临时摆放的一张桃木桌后面，给我们每个小孩发一枚五分硬币和五枚一分硬币。

得到这些硬币之后，我们当即就必须把两枚一分硬币还给父亲。父亲这样解释："在现实生活中，你们永远不可能拥有你们的全部所得，其中有一部分会用于税收、房屋贷款或其他项目，所以你们现在就要明白这些。"

我们手里紧紧抓住剩下的8分钱，转身回到屋里。按照规定，这8分钱我们也不能全部消费，要把其中的2分或者3分放进我们的"银行"——一个随便在上面开了一条小缝的易拉罐，而且要标明将来的用途。比如，我的用途是到欧洲旅游，弟弟是为了帮助邻居的曼拉太太。有时我甚至会把5分硬币投进去，希望爸爸能看到我这么做，并夸奖我，我那时一直在积累"品行积分"。但是，我的哥哥几乎总是例外，他经常是漠然地走开，一分钱都不存储。

小时候的零花钱，让我明白了这样一些事情：1. 你得到的永远比希望的少一些；2. 你无法留住你所得到的全部；3. 生活是不公平的：我哥哥最终和我坐在同一艘船上到欧洲旅行；4. 只要你努力做了什么，就能得到报偿——成年后，我和弟弟都比哥哥过得幸福。

父母不仅仅把面包分给孩子，除此之外，还要分给他们一些看不见的东西。

有时候一种经历比金钱更重要，愉快的或者痛苦的，最后都会以启示的方式呈现给我们，成为生命的财富。

童年不会等待

弗莱明13岁的时候，他的弟弟10岁。有一个周末，一家杂技团来到他们镇上巡演，爸爸答应兄弟俩，晚上带他们一起去看杂技表演。

对于两个孩子来说，还有什么比这个消息更激动人心呢？他们早早就洗了头，换了衣服，把浑身上下收拾得整整齐齐。

中午吃饭时，家里来了一个电话，是找爸爸的，说是有紧急事情，要他马上去城里一趟。听到这个消息，弗莱明和弟弟都感到很扫兴，他们不得不做好放弃看杂技的准备。

然而，当他们沮丧地放下饭碗走进客厅时，却听见爸爸对着话筒说："不，不行，我脱不开身，得等等，到周一再说吧，我还有更重要的事情要办！"

父亲回到餐桌旁，妈妈微笑着对他说："其实你应该去处理这件事，因为杂技团还会再来巡演的。"

"我知道，杂技团总会再来，"弗莱明的父亲回答说，"但是，孩子们的童年是不会再来的。"

许多年过去了，弗莱明仍然记得那一天。他在自己的日记中写道："也许那一天算得上我一生中最温馨的一天，我和弟弟都感到了自己的重要，感到父亲对我们的爱和珍视。正是这种爱和珍视，给了我们生活的信心和自豪。"

世间有了这样温柔的父爱，才有了那些难忘的童年。

有些美的东西是不易察觉的，比如童年的渴望。那种埋在孩童心底的期盼，有着梦幻般的引力，然而，它只会唤醒那些温柔的心灵。

你我只隔 6 步

哈佛大学心理学教授米尔格兰姆曾经招募了 300 多名志愿者，请他们各自邮寄一个信函，收件人是米尔格兰姆指定的一位住在波士顿的股票经纪人。

米尔格兰姆相信，很难有人直接将信函寄到。因此，他就让志愿者把信函发送给他们认为最有可能与目标建立联系的亲友，并且要求每一个转寄信函的人都回发一个信件给米尔格兰姆本人。出人意料的是，有 60 封信最终到达了股票经纪人手中，并且这些信函经过的中间人平均只有 5 个。也就是说，陌生人之间建立联系的最远距离是 6 个人。

米尔格兰姆在《今日心理学》杂志上发表了实验结果，并提出著名的“6 度分离”理论。这个理论认为：虽然世界很大，但是如果将每个人的人际关系网考虑进去，人与人的距离其实很小。该理论声称，只需 6 步，就能将彼此毫不相关的两个人以某种方式联系到一起。

为了证实“6 步分离”理论的可行性，微软公司研究人员进行了实验。他们随意挑选 2006 年某一月，记录下当月所有通过微软网络发送短信的用户地址，分析了 300 多亿条地址信息，最终统计得出，多达 78%的用户仅通过发送平均 6.6 条短信，或者说通过 6.6 步，就可以和一个完全陌生的人建立联系。

从“6 步分离”理论来看，在这个世界上，根本就不存在毫不相干的两个人，即使是分处南北两极的两个人，彼此间的距离也不过6步而已。如此看来，世界上发生的一切，都与我们每个人息息相关。

那么，陌生的你，当你得知我在沙漠上干渴难忍，在雪地里饥饿难耐，在绝望的深渊苦苦挣扎时，请你，不要漠然地走开；请你，停下匆忙的脚步，给我一杯清凉的水；请你，给我一碗滚烫的饭，给我一双有力的手。陌生的你，我之所以这样请求，只因为你与我，只隔6步。

纵然是完全无关的你与我，彼此的距离也不过6步，我的命运就是你的命运。

战争、种族、国籍、姓氏，这一切重重阻隔我们的东西，加在一起也不过6步之遥，那么，是什么让我们如此陌生？

86400

想象一下，如果每天早晨你的银行账户里都会存进 86400 元现金供你一天使用，那会是多美妙的一件事情啊！

不过要遵守两个条件：第一，若是这份馈赠在白天没有用完，到了晚上，剩下的部分就会全部消失；第二，银行可以不用预先通知就结束这个游戏，无论什么时候。

如果这样，你会怎么办呢？你会用完每一元钱来取乐吗？你会买很多礼物送给你所爱的人吗？你愿意用每一元钱来换取生命中的幸福吗？你会将每一元钱都视若珍宝吗？

其实，这不是幻想，不是骗人的幽默，我们每个人都拥有这样一个神奇的银行。

每天早晨醒来，上帝就慷慨地为我们的生命赐赏 86400 秒钟的时间，他让我们用这些时间去完成我们想做的任何事情。如果我们没有利用这些时间有效地工作，一天过后这个礼物就不复存在。

不过，上帝是仁慈的，第二天，他又会把同样的礼物交给我们。

但是，我们又不得不明白，生命的银行会在任何时候冻结这份财富，这个有趣的游戏会与我们的生命一起忽然毫无预兆地中止。那么，我们将如何对待我们生命中的每一秒？

造物担心我们虚度，就用太阳和黑夜暗示我们。然而不是仍然有许多的人，在阳光下发呆，在夜歌中狂欢?!

喂养河马的方法

美国的天堂动物园，新去了一位喂养河马的饲养员麦迪。老饲养员科卡斯给他上的第一堂课，就让麦迪十分吃惊，因为科卡斯的话听起来有点离奇。科卡斯告诉麦迪，不要给河马喂过多的食物，要让它饿着，否则它就长不大。麦迪听了这话，很纳闷，心想，世上怎么会有这种道理？为了让动物长大，却不要把它喂饱，那它怎么长得大呢？麦迪没有听科卡斯的话，拼命地给自己那只河马喂很多东西。

两个月后，麦迪终于发现，他养的这只河马真的长得很慢，而科卡斯喂的那一只，体重却增加了很多。麦迪以为，这一定是两只河马自身素质存在差别造成的。科卡斯没有说什么，他主动和麦迪交换喂养。不久，科卡斯接养的小个子河马，反而超过了麦迪换养的河马。

麦迪大惑不解。科卡斯这才告诉他：你喂的那只河马，每顿得到的食物太多，所以它就拿食物不当一回事，根本不好好进食，自然长不大。而我总是让河马在食物缺乏的状态中生活，因此，它十分懂得珍惜，食量反而更大。

同样的事情也发生在猴子身上。喂养猴子的人，不是将食物好好地摆在那儿，而是费尽心思将食物放在一些树洞或者石缝中，让猴子很难吃到。因为不容易获得，猴子反而想尽办法要去吃，吃起来也津津有味。

有人对养猴人说，你不该如此喂养猴子，这是虐待动物。养猴人说，如果你把食物摆在猴子面前，它也许连看都懒得看，它也根本不会去吃。你只有用“设难”的办法去喂猴子，让它很费劲地得到，它才会吃得有劲头。你越是让它够不着，它才越会努力去取得。取得越难，在得到它时才显得可贵。珍惜的心会使不好的东西变成好东西。

聪明的父母，知道怎样给孩子留一点渴望。

空气是珍贵的，因为多，我们反而轻贱它；水是珍贵的，因为多，我们反而轻贱它；粮食是珍贵的，因为多，我们反而轻贱它；还有亲情，还有友谊，因为容易得到，我们轻贱它们……

如果不懂得珍爱，拥有得多，也会失去得多。

让美丽活着

中南美洲热带雨林中，生活着一种叫绿鬣蜥的动物。它的寿命长达15到20年，体长可达160厘米，体重达到8公斤左右。绿鬣蜥主要吃各种叶子、嫩芽、花和果实。每天早上它们从栖息处爬到树枝上晒太阳，享受数小时日光浴，让身体变暖，然后到各处觅食。太阳下山后，再爬回栖息处睡觉。

绿鬣蜥是世界保护类动物，但因为它绿色的皮肤在阳光照耀下能发出炫目的光彩，看上去宛如绿宝石一般美丽，因而近些年来，它在世界各国又成为很受欢迎的宠物，饲养绿鬣蜥渐成时尚。据统计，仅美国一年就要进口50万只这种幼蜥。

有人因为心仪绿鬣蜥那宝石般华丽的皮肤，尝试杀死绿鬣蜥，以便用它的皮做成饰品。但是，奇怪的现象发生了，当绿鬣蜥被捕杀后，只几秒钟，它那宝石绿般的皮肤就逐渐褪去光彩，慢慢变成灰色，最后，所有的光泽都消失了，绿鬣蜥变得如一只丑陋的沙袋。

科学家对这种奇异的现象进行研究后发现，绿鬣蜥皮肤上的灿烂光华，是因其身体内的血液流动而产生，当绿鬣蜥的血液停止流动时，光华也就随之消失。

绿鬣蜥似乎在用死亡诠释着一个道理：只有懂得爱惜生命，才能够欣赏到美丽。

所有的生命都是美丽的，但只有珍视它的人，才能看见它的光芒，才能够抚摸它的华彩。

孩子眼中的爱

爱意味着什么？听听那些不谙世事的孩子们的回答吧。

8 岁的丽贝卡：当奶奶患上了关节炎，不能弯腰涂自己的趾甲时，爷爷便开始帮奶奶涂，就是后来爷爷的双手也患上了关节炎，他还继续这样做，这就是爱。

4 岁的碧丽：他称呼你的方式和别人有所不同，你的名字在他嘴里显得格外动听，这就是爱。

6 岁的萨曼塔：当某人伤害了你，而你不对他暴跳如雷，因为你知道那样会伤害到他，这就是爱。

7 岁的丹尼：妈妈为爸爸泡好了咖啡，在端给他之前，自己先喝一小口，她是要尝尝味道是否对头，这就是爱。

8 岁的帕蒂：只是一个拥抱，什么也不用说，这就是爱。

7 岁的马修：你告诉某人某一件关于自己不光彩的事情，你非常担心他不再喜欢你。而他不但依然喜欢你，而且会更喜欢你，这就是爱。

8 岁的克里斯：妈妈闻到爸爸汗味熏天，仍然说他比影星汤姆·克鲁斯更英俊，这就是爱。

8 岁的辛迪：我站在舞台上朗诵诗歌，台下所有的人都盯着我。只有一个人不仅看着我，还向我挥手致意，并且面带鼓励的微笑。那是我爸爸，我一点也不紧张了，这就是爱。

4 岁的玛丽安：你把小狗独自留在家中整整一天，可当你回家时，它还会亲热地舔你的脸，这就是爱。

7岁的诺尔：当你告诉一个小伙子你喜欢他的衬衫后，他会每天都穿着它，这就是爱。

8岁的詹尼：在自助餐厅里手拉手坐在座位的同一边，因为就是对面而坐，也会觉得距离太远，这就是爱。

5岁的卡尔：一个女孩洒上香水，一个男孩洒上香水，然后他们一起出去，互相闻对方的味道，这就是爱。

6岁的克莱赛：你出去吃饭时，把自己的薯条都给了一个人，而不要求他把自己的给你，这就是爱。

4岁的特瑞：很累的时候，有人想办法让你笑起来，这就是爱。

7岁的博比：在圣诞节时，当你停止打开礼物，静下心来倾听时，在房间里好像有很多的东西伴随着你，这就是爱。

6岁的克莱尔：每天晚上，妈妈都用亲吻来让我入睡，这就是爱。

5岁的艾伦：吃饭时，爸爸总是把最好的一块鸡肉给妈妈，这就是爱。

7岁的凯特：当你看见一个人时，你的眼睫毛眨呀眨的，小星星就从眼里冒出来，这就是爱。

8岁的杰西卡：如果你喜欢一个人，就会经常说“我爱你”；如果你真这么想，就应该多说“我爱你”。这就是爱。

在你用心品享的事物中，到处都深藏着感人之爱。

如果你感觉世界上没有温暖、没有幸福的话，那一定不是世界的问题，而是你的。

关注现在每一刻

教授应邀去一个军事基地演讲，到机场迎接他的是一个名叫拉尔夫的士兵。

在两人去取行李的途中，拉尔夫先后三次离开了教授：第一次是去帮一位老奶奶拎箱子；第二次是将两个小孩子举起来，让他们能看见圣诞老人；第三次是为一个人指路。每次回来的时候，他的脸上都挂着微笑。

教授问拉尔夫："你是从哪里学会这样做的?"

拉尔夫回答说："在战争中。"然后他讲述了自己在战场上的经历。当时他们的任务是排雷，每天都亲眼看到几个亲密的战友在身旁倒下。

拉尔夫说："我学会了一步一步地生活。我永远也不知道自己会不会成为下一个倒下的人。因此，我必须充分把握每次抬脚和落脚之间的机会。我感觉到，每一步都像是整个人生。"

谁也不知道明天会发生什么。如果我们能预知，那世界该变得多么无趣？我们将失去所有的激情，生活会变得像一部看过了的老电影，不再给我们带来惊喜，也难以使我们感动。

生活就是一场冒险，唯一重要的是学会把握现在——此时此刻，努力做最好的自己。

对于一个在战场上排雷的军人来说，一步可能就是一生。

能够自由行走在人生路上的我们，有什么理由不把每一步走好?